一本书读懂私募股权投资

卢明明 编著

人民邮电出版社
北 京

图书在版编目（CIP）数据

一本书读懂私募股权投资 / 卢明明编著. -- 北京 : 人民邮电出版社, 2016.4
ISBN 978-7-115-41930-9

Ⅰ. ①一… Ⅱ. ①卢… Ⅲ. ①股权－投资基金－基本知识 Ⅳ. ①F830.59

中国版本图书馆CIP数据核字(2016)第045370号

内容提要

什么是私募股权投资？中外私募股权投资发展状况如何？私募股权投资机构是如何运作并获取几十倍乃至上百倍收益的？私募股权投资是个高风险、高收益的行业，那么在运作的过程中如何规避风险？

本书直击私募股权投资行业的核心要点，细致解答了上述各种问题，全方位、多角度地介绍了私募股权投资行业的价值和意义、运营流程、优秀公司和投资案例，对行业的风险防控、法律法规方面做了详细介绍，使从业人员能够少走弯路，提升行业认知水平和工作能力。

本书适合金融投资行业的从业人员和相关监管、法律服务行业的从业人员阅读，也可作为财经院校学生和对私募股权投资行业感兴趣的人士的参考用书。

◆编　　著　卢明明
　责任编辑　李宝琳
　责任印制　焦志炜
◆人民邮电出版社出版发行　　北京市丰台区成寿寺路 11 号
　邮编 100164　　电子邮件 315@ptpress.com.cn
　网址 http://www.ptpress.com.cn
　北京捷迅佳彩印刷有限公司印刷
◆开本：700×1000　1/16
　印张：14.5　　2016 年 4 月第 1 版
　字数：150 千字　　2024 年 9 月北京第 37 次印刷

定　价：39.00 元

读者服务热线：（010）81055656　印装质量热线：（010）81055316
反盗版热线：（010）81055315
广告经营许可证：京东市监广登字 20170147 号

前 言

私募股权投资（Private Equity，PE），是指企业或个人购买其他未上市公司的股票或以货币资金、无形资产和其他实物资产直接投资于其他单位的行为，这种行为的最终目的是获得较大的经济利益，这种经济利益可以通过分得利润或股利获取，也可以通过上市后退出等其他方式取得。

私募股权投资作为一种金融工具，已成为中国企业融资，特别是中小企业融资的一个重要渠道，也是企业通往资本市场的桥梁。私募股权投资有助于促使中国建立多样化投融资体系，可以为资本市场输送更多优质的上市资源，有利于促进经济发展方式转型和经济结构调整，对实体经济发挥着重要的推动作用。

随着2008年国际金融危机渐行渐远，中国私募股权投资市场回暖。2010年、2011年市场强劲反弹，2012年受IPO减速等影响，募资规模下滑。2014年新募基金数和募资规模均创历史新高。2014年的“新国九条”将培育私募市场单独列出，明确提出建立健全私募发行制度和发展私募投资基金。国家发改委、证监会出台了相关举措，成立了专业监管部门，这些都为行业发展营造了良好的环境。

2014年新一轮国企混改、并购市场火爆、上市公司资本活跃等因素，掀起了中国私募股权投资的新一轮热潮。2015年互联网、生物医疗等领域已成为业界持续追逐的热点。与私募股权投资基金数量爆发式增长相比，合格的投资管理人才尚存在很大缺口。

鉴于此，为了使更多的人对私募股权投资有全面的了解，并使有志于该行业的人才多多涌现，我们特地编写了这本《一本书读懂私募股权投资》。

本书内容立足于私募股权投资行业的真实发展情况，从实际运营角度、行业现状角度、发展前景角度全方位介绍了私募股权投资行业的具体情况，希望能够帮助读者建立起对该行业的立体感知，让读者对私募股权投资行业的认知不再模糊不清。

本书具体由九个章节内容和附录构成。其中，对于私募股权投资基金的发展历程、基金的募集、基金组织的设立、基金的治理、投资项目的运作流程等资本运作的操作手法和技巧进行了深入、细致的介绍，并且对于私募股权投资行业的领军机构和法律法规也进行了详尽的介绍。另外，本书在编写中穿插了大量的数据、案例，且援引的都是近些年的数据，所以具有较高的参考价值。

本书不仅专业性强，而且兼顾了行业知识的普及，所以本书不仅适合私募股权投资行业内的从业人员阅读，而且适合广大普通读者阅读。本书也可作为高校金融和投资等专业私募股权投资、创业投资等课程的教材或辅助读物。

本书在策划与编写过程中，得到了卢明明、蒋北、刘宝亮、崔慧勇、耿丽丽、许亮、李莉影、陈云娇、于海力、冯少敏、张云叶、任学武、刘瑾、贺延飞、靳鹤、王俊娜、卢光光等人的大力支持和帮助，在此向他们深表谢意！

希望本书能给对私募股权投资感兴趣的读者提供力所能及的帮助。由于编者水平有限，书中难免有疏漏之处，在此恳请读者批评指正。

目 录

第一章

初识私募股权投资

本章主要介绍了什么是私募股权投资基金，私募股权投资基金在国内外的发展状况，私募股权投资基金的特征，对私募股权投资基金所作的分类，私募股权投资基金的发展方向。

一、私募股权投资的界定及行业发展状况

（一）私募股权投资的定义

私募股权投资（Private Equity，PE），是指以非公开的方式向少数机构投资者或者个人募集资金，主要向未上市企业进行权益性投资，最终通过被投资企业上市、并购或者管理层回购等方式退出而获利的一类投资。

私募股权投资又称私募股权投资基金，其概念可以从私募、股权投资和基金这三个方面来解读。

1. 从私募角度解读

“私募”二字是相对于公募而言的，私募基金和公募基金在基本制度上有五点不同之处，详见下表。

私募基金和公募基金对比

对比项目	私募基金	公募基金
募集的对象	少数特定的投资者，包括机构和个人	广大社会公众，即社会不特定的投资者
募集的方式	通过非公开发售的方式募集	通过公开发售的方式进行

（续表）

对比项目	私募基金	公募基金
信息披露要求	对信息披露的要求很低，具有较强的保密性	对信息披露有非常严格的要求，其投资目标、投资组合等信息都要披露
投资限制	投资限制完全由协议约定	在投资品种、投资比例、投资与基金类型的匹配上有严格的限制
业绩报酬	业绩是报酬的基础，因此收取业绩报酬，一般不收管理费	业绩仅仅是排名时的荣誉，因此不提取业绩报酬，只收取管理费

2. 从股权投资角度解读

股权投资是指企业或个人购买其他准备上市、未上市公司的股票或以货币资金、无形资产和其他实物资产直接投资于其他公司，最终目的是为了获得经济利益的行为。这种经济利益可以通过分得利润或股利获取，也可以通过其他方式取得。

股权投资通常是为长期（至少在一年以上）持有一个公司的股票或长期投资一个公司，以期达到控制被投资单位，或对被投资单位施加重大影响，或为了与被投资单位建立密切关系，以达到分散经营风险的目的。例如，被投资单位生产的产品为投资企业生产所需的原材料，在市场上这种原材料的价格波动较大，且不能保证供应。在这种情况下，投资企业通过所持股份，达到控制投资单位或对被投资单位施加重大影响，使其生产所需的原材料能够直接从被投资单位取得，而且价格比较稳定，保证其生产经营的顺利进行。但是，如果被投资单位经营状况不佳，那么在进行破产清算时，投资企业作为股东也需要承担相应的投资损失。

股权投资通常具有投资大、投资期限长、风险大以及能为企业带来较大的利益等特点。股权投资的利润空间相当广阔：一是企业的分红；二是一旦企业上市则会有更为丰厚的回报，同时还可以享受企业的配股、送股等一系列优惠措施。

股权投资分为以下四种类型。

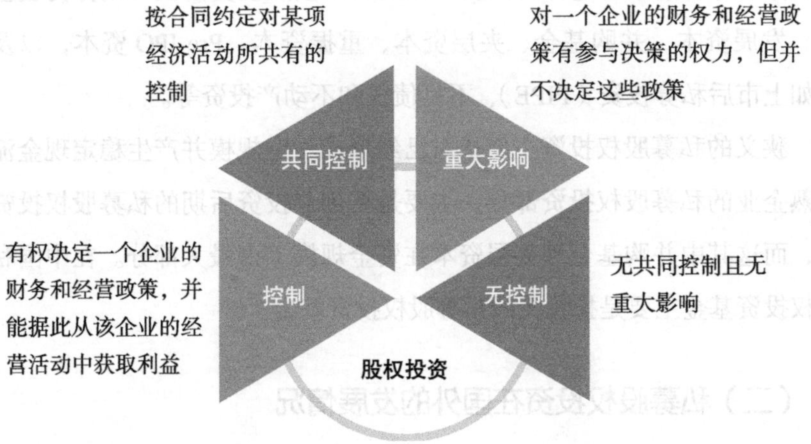
按合同约定对某项经济活动所共有的控制
对一个企业的财务和经营政策有参与决策的权力，但并不决定这些政策
共同控制
重大影响
有权决定一个企业的财务和经营政策，并能据此从该企业的经营活动中获取利益
控制
无控制
无共同控制且无重大影响
股权投资

3. 从基金角度解读

基金是一种由专家管理的集合投资制度，其实质是汇集资金交由专家管理运作，并为投资者赚取投资收益。基金有以下三个特征。

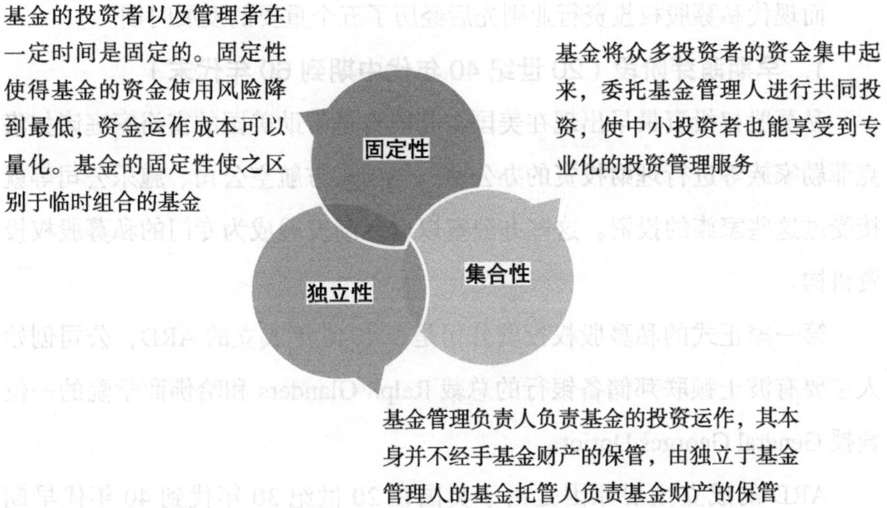
基金的投资者以及管理者在一定时间是固定的。固定性使得基金的资金使用风险降到最低，资金运作成本可以量化。基金的固定性使之区别于临时组合的基金
基金将众多投资者的资金集中起来，委托基金管理人进行共同投资，使中小投资者也能享受到专业化的投资管理服务
固定性
集合性
独立性
基金管理负责人负责基金的投资运作，其本身并不经手基金财产的保管，由独立于基金管理人的基金托管人负责基金财产的保管

广义的私募股权投资涵盖了企业首次公开发行股票（IPO）前各阶段的权益投资，即对处于种子期、初创期、发展期、扩展期、成熟期和Pre-IPO各个时期企业所进行的投资，相关资本按照投资阶段可划分为创业投资、发展资本、并购基金、夹层资本、重振资本、Pre-IPO资本，以及其他如上市后私募投资（PIPE）、不良债权和不动产投资等。

狭义的私募股权投资主要指对已经形成一定规模并产生稳定现金流的成熟企业的私募股权投资部分，主要是指创业投资后期的私募股权投资部分，而这其中并购基金和夹层资本在资金规模上占最大部分。在中国私募股权投资基金主要是指狭义的私募股权投资基金。

（二）私募股权投资在国外的发展情况

私募股权投资起源于美国。20世纪末，有不少富有的私人银行家通过律师、会计师的介绍和安排，将资金投资于风险较大的石油、钢铁、铁路等新兴产业，这类投资完全由投资者个人决策，没有专门的机构进行组织，这便是私募股权投资的雏形。

而现代私募股权投资行业则先后经历了五个重要的发展时期。

1. 早期萌芽阶段（20世纪40年代中期到60年代末）

私募股权投资最早出现在美国，其前身是帮助美国的富裕家庭诸如洛克菲勒家族等进行理财投资的办公室，美国东方航空公司、施乐公司等就接受过这些家族的投资。这些办公室以后逐渐发展成为专门的私募股权投资机构。

第一家正式的私募股权投资公司是于1946年成立的ARD，公司创始人主要有波士顿联邦储备银行的总裁Ralph Glanders和哈佛商学院的一位教授General Georges Doriot。

ARD的成立主要原因是由于美国在20世纪30年代到40年代早期

缺乏对新创立的中小型企业的长期融资，导致新创立的中小企业数目不足，因此ARD成立的宗旨主要是向新创立的中小企业提供长期的融资和专业的管理技能。公司早期的发展并不是很顺利，但是ARD最终证明了其盈利能力：在1946-1969年的25年中，公司向它的最初投资者提供了15.8%的年平均回报率，而同期道琼斯工业平均指数的回报率为12.8%。

除了ARD公司，根据美国1958年通过的《小企业投资公司法案》而成立的大量小企业投资公司也极大地推动了美国小企业的创立和发展。小企业投资公司是私人经营的公司，由美国小企业管理局颁发营业执照，通过向新创立的小企业尤其是高风险的企业提供资金支持来获取回报。美国政府为了鼓励这种小企业投资公司的成立，规定这类公司可以获得小企业管理局提供的资金支持来补充其私有资本，并且在税收上享有一定的优惠措施。

小企业投资公司作为私人资本和国家资本的结合体在政府的推动下取得了极大的发展，但是小企业投资公司在推动对新创设的小企业投资中也存在一些问题。

1 部分小企业投资公司利用小企业管理局的优惠贷款向新创设的小企业提供债务贷款而不是权益资本投资以获得相对稳定的现金流

2 小企业投资公司吸引的多为个人投资者，较少有机构投资者，但个人投资者无法正确理解私募股权投资的长期性和潜在的巨额回报，因此这类小企业投资公司股票在资本市场上平均以40%折扣进行交易

3 小企业投资公司的管理存在问题，导致美国国会立法加强了对小企业投资管理公司的管理，使得小企业投资公司的数量到1977年时下降至276家

2. 前期发展阶段（20 世纪 70 年代）

美国早期的私募股权投资基金多数采取的组织形式是依据 1940 年通过的美国《投资公司法案》成立的投资公司（公司型基金）的形式。但是按照这个法案的规定，上市风险投资公司的经理不能获得公司的股票期权以及其他形式的以绩效为基础的奖励，这些专业从业人员所能获得的只有工资，这些工资与在合伙制基金中作为普通合伙人所能赚取的收益相比微不足道。

因此有限合伙人制度渐渐成为吸引该行业专业从业人员的主要方式，从而使得有限合伙制基金逐步发展成为私募股权投资的主流形式。从 1969 年至 1975 年，共有 29 支有限合伙人投资基金成立，融资约 3.76 亿美元。

另外，美国于 1978 年通过法案允许养老基金以有限合伙人的身份投资私募股权投资基金，从而进一步促进了私募股权投资基金的组织转型。通过留住行业内的专业人士和吸引更多的资金，有限合伙人制度为私募股权投资的发展做出了巨大的贡献，推动私募股权投资进入到全新的发展阶段。有限合伙人制度为这一时期私募股权投资市场的发展起到了非常重要的作用。

3. 中期发展阶段（20 世纪 80 年代）

美国私募股权投资从 20 世纪 80 年代初开始蓬勃发展。从 1980 年到 1982 年，美国私募股权投资市场以有限合伙人制度融资共 35 亿美元，是整个 70 年代融资额的 2.5 倍，1987 年时达到 178 亿美元。这个发展高潮出现的背景是美国政府对于私募股权投资的大力支持。这一阶段，美国资本所得税不断下降，1978 年从 49.5% 降至 28.5%，1981 年时又降至 20%。

1987 年之后，美国的私募股权投资开始急剧下降。这种下降很大程度上是由在某些领域（如计算机硬件）的过度投资以及缺乏经验的创业投资家的进入所造成的。这两大因素导致了投资回报的下降。

在 80 年代末期，并购市场的回报也经历了类似的下降，这主要是因为各投资交易机构之间竞争的加剧，由于投资者对投资回报不够满意，他们向这个行业进行的投资也就相应减少。

4. 高峰调整阶段（20 世纪 90 年代至 21 世纪初）

与之前相比，私募股权投资业的每个分支在 20 世纪 90 年代都获得了高增长，投资者获得了极好的回报。这种恢复性增长归因于以下三个因素。

1. 20 世纪 90 年代初，许多缺乏经验的投资者的退出使剩余的投资者面临的竞争弱化
2. 在这 10 年中，证券市场大部分时候都发展良好，使投资者可以比较容易地通过证券市场退出私募股权投资
3. 技术创新尤其是与信息技术相关行业的发展给创业投资家创造了极好的机会

与环境的变化相适应，创业投资和收购基金得到的投资承诺都增长了，并在世纪之交达到了创纪录的高峰。

在网络泡沫破灭后的 2001 年和 2002 年，投资者（主要是机构投资者）对私募股权投资的规模出现了下降，但 2002 年的规模仍是 1990 年的 3 倍。

另外，私募股权投资基金的平均规模及募集数目也不断增长。1981 年，美国风险投资基金和收购基金的平均规模分别为 1700 万美元和 3900 万美元；而到了 2000 年，已分别增至 3.05 亿美元及 5.42 亿美元；1991 年，美国私募股权投资基金的募集数目仅为 292 个；到 2003 年，已达到 1285 个，是 1991 年的 4.4 倍。

5. 资本市场的新宠阶段（2004 年至今）

2004 年资本市场最显著的趋势是富人们重燃对私募股权投资的兴趣。2004 下半年以来，资金流向私募股权投资的原因主要有以下两个。

1 不动产在富人资产配置中的比例从 2003 年的 17% 降至 2004 年的 13%，主要是由于这两年不动产价格已达高峰，富人们普遍选在高点获利了结，以便将资金转移到其他市场投资

2 相对于不稳定的股市而言，富人们对私募股权投资可能带来的回报更有信心

这股风潮延续到 2005 年，私募股权投资的金额几乎超越 2000 年网络泡沫之前创下的历史纪录，成为富有人群的理财新宠。私募股权投资成为增长最快、收益率最佳的基金组织形式。

国外私募股权投资基金经过 30 多年的发展，成为仅次于银行贷款和 IPO 的重要融资手段。国外私募股权投资基金规模庞大，投资领域广泛，资金来源广泛，参与机构多样化。目前西方国家私募股权投资占其 GDP 的份额已达到 4%~5%。迄今全球已有数万家私募股权投资公司，黑石、KKR、凯雷、贝恩、阿波罗、德州太平洋、高盛、美林等机构是其中的佼佼者。

（三）私募股权投资在国内的发展情况

从 1984 年中国引进风险投资概念至今，中国私募股权投资已经历了 30 余个春秋的潮起潮涌。在国际私募股权投资基金蜂拥而至的同时，本土私募股权投资基金也在快速发展壮大，中国的私募股权投资业已经从一个“新生儿”逐步成长起来，并已开始迈出坚实的步伐。

1. 风险投资尝试（20 世纪 80 年代）

与美国私募股权投资的发展类似，中国对私募股权投资的探索和发展

也是从风险投资开始的，风险投资在中国的尝试可以追溯到20世纪80年代。1985年，中共中央发布的《关于科学技术改革的决定》中提到了支持创业风险投资的问题，随后由国家科委和财政部等部门筹建了中国第一个风险投资机构——中国新技术创业投资公司（中创公司）。

2. 掀起投资热浪（20世纪90年代至21世纪初）

20世纪90年代之后，大量的海外私募股权投资基金开始进入中国，从此在中国这个新兴经济体中掀起了私募股权投资的热浪。

（1）第一次投资浪潮

第一次投资浪潮出现在1992年改革开放后。这一阶段的投资对象主要以国有企业为主，海外投资基金大多与中国各部委合作，如北方工业与嘉陵合作。但由于体制没有理顺，行政干预较为严重，投资机构很难找到好项目，而且当时很少有海外上市，又不能在国内全流通退出，私募股权投资后找不到出路，这导致投资基金第一次进入中国时以失败告终，这些基金大多在1997年之前撤出或解散。

（2）第二次投资浪潮

1999年，《中共中央关于加强技术创新、发展高科技、实现产业化的决定》的出台为中国私募股权投资的发展作出了制度上的安排，极大地鼓舞了发展私募股权投资的热情，掀起了第二次短暂的投资风潮。国内相继成立了一大批由政府主导的风险投资机构，其中具有代表性的是深圳市政府设立的深圳创新投资集团公司和中科院牵头成立的上海联创、中科招商。

2000年年初出台的《关于建立中国风险投资机制的若干意见》是中国第一个有关风险投资发展的战略性、纲领性文件，为风险投资机制建立了相关的原则。同时，中国政府也积极筹备在深圳开设创业板，一系列政策措施极大推动了中国私募股权投资的发展。但当时由于还没有建立中小企业板，基金退出渠道仍不够畅通，一大批投资企业因无法收回投资而倒闭。

（3）第三次投资浪潮

前两次的私募股权投资热潮由于退出渠道的不顺畅而失败，但这种情况在2004年出现了转机。2004年，中国资本市场出现了有利于私募股权投资发展的制度创新——深圳中小企业板正式启动，这为私募股权投资在国内资本市场提供了IPO的退出方式。因此，2004年以后出现了第三次投资浪潮，私募股权投资成功的案例开始出现。

2004年6月，美国著名的新桥资本以12.53亿元人民币从深圳市政府手中收购深圳发展银行17.89%的控股股权，这也是国际并购基金在中国的第一起重大案例，同时也诞生了第一家有国际资本控股的中国商业银行。

由此开始，很多相似的私募股权投资案例接踵而来，私募股权投资市场渐趋活跃，从发展规模和数量来看，本轮发展规模和数量都超过了以前任何时期。

3. 出现回国创业热潮

进入21世纪后，一枝独秀的中国经济日益吸引留学海外的中国学子回国创业发展。一个高科技项目，一个创业小团队，一笔不大的启动资金，是当时绝大多数海归刚开始创业时的情形。百度、搜狐、UT斯达康这样的知名科技公司，创业伊始不过是“三两个人，七八杆枪”，但是因为不断得到私募股权投资基金的融资，这些公司最终从一大批同类中脱颖而出，成长为行业巨头。

近年在纳斯达克上市的中国企业已经突破了互联网和高科技公司的范围。有来自多行业、多领域的公司登陆纳斯达克。对此，纳斯达克中国首席代表徐光勋指出：“这些公司在纳斯达克上市，它们带来的中国概念也被国际市场所接受。这对中国企业而言无疑是好事。在纳斯达克上市的中国企业中，高级管理层大多拥有海外留学背景。”

以北京中关村科技园区为例，在纳斯达克上市的来自中关村科技园区的中国企业中，海归企业为数不少。这些在纳斯达克上市的海归企业正在由推动国内新经济、新技术、互联网等诸多领域的发展，扩展到推动中国传统产业的发展。

以百度、新浪、搜狐、携程、如家等为代表的一批留学人员回国创业企业给国内带回了大批风险投资，这种全新的融资方式，极大地催化了中小企业的成长。

与此同时，国内所有国际风险投资公司的掌门人几乎都是清一色的海归，例如，IDG资深合伙人熊晓鸽、鼎晖国际创投基金董事长吴尚志、赛富亚洲投资基金首席合伙人阎焱、红杉基金中国合伙人沈南鹏、金沙江创业投资董事总经理丁健、美国中经合集团董事总经理张颖、北极光创投基金创始合伙人邓锋、北斗星投资基金董事总经理吴立峰、启明创投创始人及董事总经理邝子平、得克萨斯太平洋集团合伙人王兟等这10多位掌管各类风险投资基金的掌门人均是海归人士。

大部分风险投资都是通过海归或海归工作的外企带进国内的，这些投资促进了国内对创业的热情，促进了一大批海归创业企业和国内中小企业的发展，同时也带动了国内创业投资行业的进步。

总体来看，私募股权投资在中国发展迅速，新募集基金数、募集资金额和投资案例与金额等代表着投资发展的基本数据将会长时间保持增长状态，这是新兴市场的经济发展和中国企业数量多、发展快所带来的投资机遇。

二、私募股权投资的特征

私募股权投资具有募集资金来源广泛、投资回报率高、无需披露交易细节、投资期限较长、多采取有限合伙制、一般投资非上市企业、多采取权益型投资方式、退出渠道多样等特征，具体特征详见下表。

私募股权投资的特征表现

特征表现	具体释义
募集资金来源广泛	资金来源广泛，如富有的个人、风险基金、杠杆收购基金、战略投资者、养老基金、保险公司等
投资回报率高	对非上市公司的股权投资，因流动性差被视为长期投资，所以投资者会要求高于公开市场的回报
无需披露交易细节	各国法律和监管部门对私人股权投资基金没有严格的信息披露要求，只有行业协会制定的指引。私募股权投资基金在资金的募集上，主要通过非公开方式面向少数机构投资者或个人募集，它的销售和赎回都是基金管理人通过私下与投资者协商进行的。由于长期投资的性质和保守商业秘密的需要，基金管理人通常只在较长时间间隔基础上披露有限的信息，透明度较低
投资期限较长	私募股权投资基金对企业的投资通常持有期限较长（平均为3~5年），投资者对私募股权基金的投资期限则更长（平均为10~12年）
多采取有限合伙制	私募股权投资机构多采取有限合伙制，这种企业组织形式有很好的投资管理效率，并避免了双重征税的弊端
一般投资非上市企业	一般投资于私有公司即非上市企业，绝少投资于已公开发行公司，不会涉及要约收购义务
多采取权益型投资方式	多采取权益型投资方式，绝少涉及债权投资，PE投资机构也因此对被投资企业的决策管理享有一定的表决权。反映在投资工具上，多采用普通股或者可转让优先股，以及可转债的工具形式
退出渠道多样	私募股权投资基金作为一种金融资本，并不以控制目标企业为目的，这是与产业资本的区别，最终以获得资本增值为目的退出。退出渠道有IPO、出售、兼并收购、标的公司管理层回购等方式，投资退出渠道多样化

三、私募股权投资的分类

根据被投资企业发展阶段划分，私募股权投资主要可分为创业风险投资（Venture Capital）、成长资本（Development Capital）、并购资本（Buyout Capital）、夹层投资（Mezzanine Capital）、Pre-IPO投资（Pre-IPO Capital）以及上市后私募投资（Private Investment in Public Equity，PIPE）。

（一）创业风险投资

创业风险投资主要投资技术创新项目和科技型初创企业，从最初的一个想法到形成概念体系，再到产品的成型，最后将产品推向市场。通过对初创时期提供资金支持和咨询服务，使企业从研发阶段充分发展并得以壮大。

由于创业企业的发展存在着财务、市场、营运以及技术等诸多方面的不确定性，因而具有很大的风险，这种投资能够持续的理由是投资利润丰厚，能够弥补其他项目的损失。

（二）成长资本

成长期投资针对的是已经过了初创期而发展至成长期的企业，其经营项目已经从研发阶段过渡到市场推广阶段并产生一定的收益。

成长期企业的商业模式已经得到证实而且仍然具有良好的成长潜力，通常可用2~3年的投资期寻求4~6倍的回报，一般前期投资已经具有一定规模的营业收入和正现金流。成长资本投资规模通常为500万~2000万美元，并具有可控的风险和可观的回报。

成长资本是中国私募股权投资中比例最大的部分，从2008年的数据看，成长资本占到了60%以上。

（三）并购资本

并购资本主要专注于并购目标企业，通过收购目标企业股权，获得对目标企业的控制权，然后对其进行一定的重组改造提升企业价值，必要时可能更换企业管理层，成功之后持有一定时期后再出售。

并购资本相当大比例投资于相对成熟的企业，这类投资包括帮助新股东融资以收购某企业、帮助企业融资以扩大规模或者是帮助企业进行资本重组以改善其营运的灵活性。并购资本涉及的资金规模较大，通常达 10 亿美元左右，甚至更多。

（四）夹层投资

夹层投资的目标主要是已经完成初步股权融资的企业。它是一种兼有债权投资和股权投资双重性质的投资方式，其实质是一种附有权益认购权的无担保长期债权。这种债权总是伴随相应的认股权证，投资人可依据事先约定的期限或触发条件，以事先约定的价格购买被投资公司的股权，或者将债权转换成股权。

夹层投资的风险和收益低于股权投资，高于优先债权。在公司的财务报表上，夹层投资也处于底层的股权资本和上层的优先债（高级债）之间，因而称为“夹层”。

与风险投资不同的是，夹层投资很少寻求控股，一般也不愿长期持有股权，更倾向于迅速地退出。当企业在两轮融资之间，或者在希望上市之前的最后冲刺阶段，资金处于青黄不接的时刻，夹层投资者往往就会从天而降，带给企业最需要的现金，然后在企业进入新的发展期后全身而退。这也是它被称为“夹层”投资的另一个原因。

夹层投资的操作模式风险相对较小，因此寻求的回报率也低一些，一般在 18%~28%。

（五）Pre-IPO 投资

Pre-IPO 投资主要投资于企业上市前阶段，或者预期近期上市的、企业规模与盈利已达到可上市水平的企业，其退出方式一般为上市后从公开资本市场上出售股票。

一般而言，Pre-IPO 投资者主要有投行型投资基金和战略型投资基金两类。

投行型投资基金	● 如高盛、摩根斯坦利等投资基金，它们具有双重身份：既是私募股权投资者，又是投资银行家 ● 作为投资银行家，它们能够为企业的 IPO 提供直接的帮助；而作为私募股权投资者的身份则为企业的股票进行了价值“背书”，有助于提升公开市场上投资者对企业股票的信心，因此投行型投资基金的引入往往有助于企业股票的成功发行
战略型投资基金	● 致力于为企业提供管理、客户、技术等资源，协助企业在上市之前建立起规范的法人治理结构，或者为企业提供专业的财务咨询

Pre-IPO 投资具有风险小、回收快的优点，并且在企业股票受到投资者追崇的情况下，可以获得较高的投资回报。

（六）PIPE 投资

PIPE 是 Private Investment in Public Equity 的缩写，它是指投资于已上市公司股份的私募股权投资，以市场价格的一定折价率购买上市公司股份以扩大公司资本的一种投资方式。

PIPE 投资分为传统型和结构型两种形式。

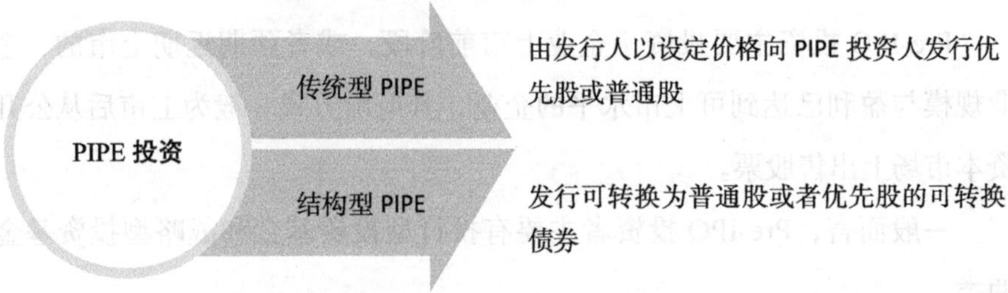
PIPE 投资
传统型 PIPE
由发行人以设定价格向 PIPE 投资人发行优先股或普通股
结构型 PIPE
发行可转换为普通股或者优先股的可转换债券

相对于二次发行等传统的融资手段，PIPE 融资成本和融资效率相对较高，监管机构的审查较少，而且不需要昂贵的路演成本，这使得获得资本的成本和时间都大大降低。PIPE 比较适合一些不希望应付传统股权融资复杂程序的快速成长为中型企业的上市公司。

四、私募股权投资的相关术语

私募股权投资是一项专业性非常强的金融活动。在实际的私募股权投资运作当中，项目的各方参与者都会遇到很多相关术语，理解并掌握相关术语的含义，是参与者们必备的基本技能。

私募股权投资主要的相关术语及其释义详见下表。

私募股权投资相关术语及释义

术语	释义
有限合伙企业	私募股权投资基金最常用的组织形式。由普通合伙人和有限合伙人组成，普通合伙人对合伙企业债务承担无限连带责任，有限合伙人以其认缴的出资额为限对合伙企业债务承担责任。有限合伙制私募股权投资基金是由投资管理公司和一部分合格投资者共同成立一个有限合伙企业作为基金主体，投资者以出资额承担有限责任；投资管理公司作为基金管理人也需要有一定比例的出资，并承担无限连带责任

（续表）

术语	释义
GP（General Partener）	普通合伙人，有限合伙制基金中承担基金管理人角色的投资管理机构
LP（Linited Partener）	有限合伙人，有限合伙制基金中的投资者
PE FOFs	私募股权投资母基金，指将投资人手中的资金集中起来，分散投资于数支 PE 基金的基金。这种类型的基金可以根据不同 PE 基金的特点构建投资组合，有效分散投资风险
承诺出资制	承诺出资是有限合伙形式基金的特点之一，在资金筹集的过程中，普通合伙人会要求首次成立时一定比例的投资本金到位，而在后续的基金运作中，投资管理人根据项目进度的需要，以电话或者其他形式通知有限合伙人认缴剩余部分本金。与资金一次到位的出资方式相比，承诺出资制大大提高了资金的使用效率 例如分三次出资，40%、30%、30%，每次出资相隔 6 个月。如果投资者未能及时按期投入资金，他们按照协议将会被处以一定的罚金
优先收益	又称“门槛收益率”，优先收益条款确保了普通合伙人只有在基金投资表现优良之时才能从投资收益中获取一定比例的回报。通常当投资收益超过某一门槛收益率（有限合伙人应当获取的最低投资回报）后，基金管理人才能按照约定的附带权益条款从超额投资利润中获得一定比例的收益 例如，某 PE 产品规定，在投资人首先收回投资成本并获得年化收益率 5% 优先回报的情况下，收取 10% 的净利润超额收益分配
IPO	指一家企业或公司（股份有限公司）第一次将它的股份向公众出售，也就是俗称的上市。通常私募股权投资机构会期望以合理价格投资于未上市企业或公司，成为其股东，待企业或公司 IPO 后以高价退出，获得高额回报

（续表）

术语	释义
并购	一般指兼并和收购。兼并指两家或者更多的独立企业合并组成一家企业，通常由一家占优势的公司吸收一家或者多家公司。收购指一家企业用现金或者有价证券购买另一家企业的股票或者资产，以获得对该企业的全部资产或者某项资产的所有权，或对该企业的控制权。并购也是私募股权机构的一种主要退出方式
尽职调查	在基金或公司层面对私募股权进行成功投资需要事先进行详尽的调查。要进行长期投资，有必要在签约前审核分析交易牵涉的所有因素。尽职调查要全面审核许多因素，比如管理团队的能力、公司业绩、交易状况、投资战略、合法证券等
关键人条款	由于私募股权基金投资风险较大，基金管理人的能力对于基金整体业绩的影响较大，因而基金条款中会有关键人条款，即基金团队中指定的核心成员在整个基金存续期间不得离开，否则投资人有权要求召开合伙人会议，提前对基金进行清算
联合投资	对于一个投资项目，可能会有多个机构同时关注。当多个投资机构决定共同投资于该企业时，这样的投资方式被称作联合投资。一般来说，联合投资会有领投机构和跟投机构的区分，领投机构会负责分析待投资企业商业计划书的可行性，跟投机构则主要参与商议投资条款
过桥融资贷款（Bridge financing）	公司在正式IPO或私募融资前为确保经营和融资活动顺利推进所进行的短期贷款，通常期限在一年以内，最终会被永久性的资本如股权投资者或长期债务人所取代。过桥融资贷款的提供者一般是承销商或私募投资者，通常这笔贷款不是以现金方式支付利息，而是在IPO或私募成功后以股票方式支付

五、中国私募股权投资行业的发展方向

随着金融市场对经济的影响越来越深入，近几年中国的私募股权投资机构出现大规模增长，由此也形成了良莠不齐的局面。随着私募股权投资行业的发展，优秀的公司会脱颖而出，并成为稀缺资源。纵观近几年PE的发展，以下几种趋势正在逐步成为行业的发展方向。

（一）由政府导向向市场导向发展

中国的私募股权投资最初是政府导向的。20世纪80年代末90年代初，政府为扶植高新技术企业而成立了第一批创投机构；2007年，第一支政府引导基金渤海产业投资基金成立，此后从中央到地方，各类政府引导基金涌现出来。政府引导基金对于投资方向、行业、地域有一定限制，一般投向政府大力扶植的产业，地域限制于当地或周边地区。由于限制了资金投向，政府引导基金较难达到收益最大化。

随着市场环境的改善和金融改革的推进，市场对资源配置的调整作用逐渐显现出来，私募股权投资也逐渐由政府导向向市场导向发展。市场化的私募股权基金投资的行业、地域不受限制，完全以利润最大化为目标，在保证投资者收益的同时资金流向最具发展潜力的中小企业，促进资源的有效配置。许多国资背景的私募股权投资机构也纷纷开始市场化运作。市场化成为私募股权投资行业的发展趋势。

（二）由同质化向品牌化发展

机构同质化是中国私募股权投资行业的一个重要问题。大量私募股权投资机构的投资理念、策略、行业、阶段都极其相似。由于市场中存在激烈竞争，所以会有大批机构在调整期中被淘汰出局。在未来，私募股权投

资行业必然朝着差异化、品牌化路线发展，打造自身品牌特色，加强增值服务能力，打造优秀的本土基金，真正走上崇尚价值投资的正确路径。

（三）由全行业覆盖向专业化发展

目前私募股权投资基金仍以综合性基金为主，覆盖的行业面广，难以做到对单一行业深入理解和考察，投资成功率大打折扣。从当前情况来看，只侧重于某一行业的专项基金越来越受投资者青睐。私募股权投资机构专业化是未来的发展趋势。

（四）由 Pre-IPO 向并购基金发展

当前对成熟期企业的投资模式大多为 Pre-IPO，从事并购的基金寥寥无几，而全球将近 2 万亿美元的私募股权投资中 63% 是投向并购重组方面的，随着产业结构调整的大趋势，并购基金在未来十年将有较大的发展。

第二章

私募股权投资的运作

开展私募股权投资活动离不开各方参与者齐心协力的合作。私募股权投资运作流程中的每一步都非常关键，运作的好坏直接决定了项目最后的成败。在私募股权投资案例中，失败是大多数的，只有严格项目评估标准、对投资项目优中选优才能从最大程度上避免失败的风险。而投资项目的退出，作为万里长征的最后一步，决定了整个项目运作的圆满与否。

一、私募股权投资的主要参与者

私募股权投资的主要参与者是私募股权投资活动的主体，主要有被投资企业、基金管理公司、投资者、中介服务机构。

（一）被投资企业

被投资企业都有一个重要的特性——需要资金和战略投资者。企业在不同的发展阶段需要不同规模和用途的资金。

创业期的企业需要启动资金；成长期的企业需要筹措用于规模扩张及改善生产能力所必需的资金；改制或重组中的企业需要并购、改制资金的注入；面临财务危机的企业需要相应的周转资金渡过难关；相对成熟的企业上市前需要一定的资本注入以达到证券交易市场的相应要求；即使是已经上市的企业仍可能根据需要进行各种形式的再融资。

（二）基金管理公司

私募股权投资需要以基金方式作为资金的载体，通常由基金管理公司设立不同的基金募集资金后，交由不同的管理人进行投资运作。

基金经理人和管理人是基金管理公司的主要组成部分，他们通常是有丰富行业投资经验的专业人士，专长于某些特定的行业以及处于特定发展阶段的企业，他们在经过调查和研究后，凭借敏锐的眼光将基金投资于若干企业的股权，以求日后退出并取得资本利得。

（三）投资者

只有具备私募股权投资基金投资资格的投资者，才能顺利募集资金成立基金。基金的投资者主要是机构投资者，也有少部分的富有个人，通常有较高的投资者门槛。

在美国，公共养老基金和企业养老基金是私募股权投资基金最大的投资者，两者的投资额占到基金总资金额的30%~40%。机构投资者通常对基金管理公司承诺一定的投资额度，但资金不是一次到位，而是分批注入。

（四）中介服务机构

随着私募股权投资基金的发展和成熟，各类中介服务机构也随之成长和壮大起来，其中包括以下几类机构。

1 **专业顾问**

专业顾问公司为私募股权投资基金的投资者寻找私募股权投资基金机会，专业的顾问公司在企业运作、技术、环境、管理、战略以及商业方面卓越的洞察力为他们赢得了客户的信赖

2 **融资代理商**

融资代理商管理整个筹资过程，虽然许多投资银行也提供同样的服务，但大多数代理商是独立运作的

3 **市场营销、公共关系、数据以及调查机构**

在市场营销和公共事务方面，有一些团体或专家为私募股权投资基金管理公司提供支持，而市场营销和社交战略的日渐复杂构成了私募股权投资基金管理公司对于数据和调研的庞大需求

4 **人力资源顾问**

随着私募股权投资产业的发展，其对于人力资源方面的服务需求越来越多，这些代理机构从事招募被投资企业管理团队成员或者基金管理公司基金经理等主管人员的工作

5 **股票经纪人**

除了企业上市及售出股权方面的服务，股票经纪公司还为私募股权投资基金提供融资服务

6 **其他专业服务机构**

私募股权投资基金管理公司还需要财产或房地产等方面的代理商和顾问、基金托管方、信息技术服务商、专业培训机构、养老金和保险精算顾问、风险顾问、税务以及审计事务所等其他专业机构的服务

中介服务机构在私募股权投资市场中的作用越来越重要，他们帮助私募股权投资基金募集资金，为需要资金的企业和基金牵线搭桥，还为投资者对私募股权投资基金的表现进行评估，中介服务机构的存在降低了私募股权投资基金相关各方的信息成本。

二、私募股权投资的运作流程

私募股权基金的投资活动总的来说可分为项目寻找、项目评估、尽职调查、公司的价值评估、交易构造和管理以及项目退出六个阶段。私募股权投资基金作为以盈利为主要目的的投资机构，其运作能力的好坏直接决定了未来的投资收益。因此私募股权投资基金的每一步运作流程，都是严谨、客观的。

（一）寻找项目

私募股权基金要取得良好的投资回报，如何在众多项目中以较低的成本和较快的速度获得好的项目是关键，因此通常私募股权投资基金的基金经理在充分利用公司自有资源的同时也会积极从外部渠道获取项目信息，整合内外部资源，建立多元化的项目来源渠道。一般来说，投资项目的来源渠道主要包括自有渠道、中介渠道以及品牌渠道等。

各种信息渠道来源提供的项目信息质量存在差异，通常通过个人关系网、股东、商业伙伴获得的项目信息质量比较高，因此基金经理在寻找项目过程中倾向于通过朋友、熟人、银行、证券公司、政府部门或会计师事务所、律师事务所等中介机构的介绍。另外，一些重要的投资洽谈会也是比较好的收集项目信息的渠道。

常见的投资项目主要来源渠道详见下表。

投资项目的主要来源渠道

渠道	描述	途径
自有渠道	主动进行渠道建设，通过公司自有人员的关系网络、参加各种风险投资论坛的会议和对公开信息的研究分析收集信息	①个人网络 ②市场分析 ③战略合作伙伴 ④股东
中介渠道	借助 / 联合相关业务伙伴（如银行、券商等）、专业机构（如律师 / 会计师事务所等）以及其他创投公司获取交易信息	①银行 / 投资银行 ②证券公司 ③律师事务所 ④会计事务所 ⑤咨询公司 ⑥广告公司
品牌渠道	积极建设公司在创业投资方面的品牌形象和市场知名度，建立“拉动式”的信息渠道	①公司网站 ②客服中心

（二）项目评估

项目初评是基金经理在收到创业项目的基础资料后，根据基金的投资风格和投资方向要求对创业项目进行初步评价。私募股权基金通常都有一套自己的投资政策，包括投资规模、投资行业、投资阶段选择等，因此在项目初评阶段，基金经理通常根据直觉或经验就能很快判断。常见的项目初步筛选标准详见下表。

项目的初步筛选标准

标准	内容
投资规模	①投资项目的数量 ②最小和最大投资额
行业	①是否属于基金募集说明书中载明的投资领域 ②私募股权基金对该领域是否熟悉 ③私募股权基金是否有该行业的专业人才
发展阶段	①种子期 ②创业期 ③扩张期 ④成熟期
产品	①是否具有良好的创新性、扩展性、可靠性、维护性 ②是否拥有核心技术或核心竞争力 ③是否具备成为行业中的领先者 / 行业规范塑造者的潜力
管理团队	①团队人员的构成是否合理 ②是否对行业有敏锐的洞察力 ③是否掌握市场前景并懂得如何开拓市场 ④是否能将技术设想变为现实
投资区域	①是否位于私募股权基金公司附近城市 ②是否位于主要大都市

由于项目初评只对项目的一些表面信息进行筛选，因此对于通过初步评估的项目，基金经理需要进行进一步调查研究，对项目进行全面的技

术、经济认证和评价，从而更全面地了解项目未来发展前景。

项目评估要点详见下表。

项目评估要点

评估项目	要点
商业计划书评估	①行业特征：目标市场的成长性如何 ②产品或服务的技术开发：技术新颖程度，操作简易性，技术开发可行性、市场吸引力、市场可能需求、成长潜力 ③经营目标与前景预测：分析企业历史经营业绩与未来经营情况，并做出对未来经营的评价 ④管理团队成员的能力评估：对管理构架与职责安排的合理性，管理层关键人物的经历、职业道德与相关收入做出综合分析 ⑤财务状况与盈利预测评估：对项目未来几年的资金需求、运用与流动状态做出判断，以此作为是否给予资金支持的重要依据 ⑥风险管理与控制评估：识别和评价各种风险与不确定性 ⑦投资收益评估：对融资规模、资金的期限结构、资金的投入方式等做出评价
技术评估	①技术因素评估：产品技术的历史情况；产品技术目前的水平；产品技术未来发展趋势；产品技术的理论依据和在实际生产中的可行性；产品技术的竞争力，产品技术的专利、许可证、商标等无形资产状况；产品技术在同行业所处的地位；政府对产品技术的有关政策 ②经济因素评估：项目方案是否成本最低，效益和利润最大 ③社会因素：是否符合国家科技政策和国家发展规划目标；是否符合劳动环境和社会环境；是否有助于人民生活水平的改善和提高
市场评估	①市场容量：是否有足够的市场容量 ②市场份额：直接市场份额及相关市场份额的大小 ③目标市场：是否定位好目标客户，目标市场规模是否庞大 ④竞争情况：竞争对手的数量有多少，是否存在占绝对优势地位的竞争者，一般性竞争手段是什么 ⑤新产品导入率：是否有替代产品 ⑥市场进入障碍：是否有较高的规模经济性，是否有专利权，是否需政府审批

（续表）

评估项目	要点
管理团队评估	①企业家素质：是否有支撑其持续奋斗的禀赋，是否熟悉所从事的行业，是否诚实正直，是否有很强的领导能力，是否懂经济、善管理、精明能干，是否具有合作精神，是否具有很强的人格魅力 ②管理队伍的团队精神：是否已组建分工明确、合理的管理团队 ③管理队伍的年龄范围：最好在35~50岁，既有丰富的实际经验，又有活跃的思想，能较快吸收新知识和新信息 ④管理队伍的个人素质：管理队伍应包括精通每个主要部门业务的、能力很强的个人
退出方式及产业价值评估	①退出方式：退出依据是否可靠，最可能的退出方式及各种方式的可能性程度，合同条款中有无保护投资权益的财务条款及财务保全措施等 ②产业价值：对项目的产业价值、战略前景、产业化途径等进行深入的量化研究

根据项目企业提供的商业计划书对创业项目进行综合研究评价后，基金经理通常会组织对创业者进行访谈，询问有关问题，并让创业者就一些关键问题做一次口头介绍或讲演。

基金经理可通过这次会面获取更多有关项目的信息，核实商业计划书中所描述的创业项目的主要事项，了解私募股权基金能够以何种程度参与企业管理和监控，创业者愿意接受何种投资方式和退出途径，考察创业者的素质及其对创业项目成功的把握。

（三）尽职调查

通过项目评估之后，基金经理会提交《立项建议书》，项目流程也进入了尽职调查阶段。因为投资活动的成败会直接影响投资和融资双方公司今后的发展，故投资方在决策时一定要清晰地了解目标公司的详细情况，包括目标公司的营运状况、法律状况及财务状况。尽职调查的目的主要有三个：发现问题、发现价值、核实融资企业提供的信息。

在这一阶段，投资经理除聘请会计师事务所来验证目标公司的财务数据、检查公司的管理信息系统以及开展审计工作外，还会对目标企业的技术、市场潜力和规模以及管理队伍进行仔细的评估，这一程序包括与潜在的客户接触，向业内专家咨询并与管理队伍举行会谈，对资产进行审计评估。它还可能包括与企业债权人、客户、相关人员如以前的雇员进行交谈，这些人的意见会有助于投资机构作出关于企业风险的结论。

尽职调查对于项目投资决策意义重大。

- 尽职调查能够帮助私募股权基金了解项目企业情况，减少合作双方信息不对称的问题
- 尽职调查结果也为合作双方奠定了合理估值及深入合作的基础
- 对有关的单据、文件进行调查，这本身就是一个保存和整理证据的过程，相关情况能以书面证据的方式保存下来，以备查询或留作他用
- 详尽准确的尽职调查是私募股权投资基金客观评价项目，做好投资决策的重要前提条件

尽职调查的主要内容覆盖创业项目及项目企业的运营、规章制度以及有关契约、财务等多个方面，其中财务会计情况、经营情况和法律情况这三方面是调查重点。

由于尽职调查涉及的内容繁多，对实施尽职调查人员的素质及专业性要求很高，因此，私募股权基金通常要聘请中介机构，如会计师事务所、律师事务所等协助调查，为其提供全面的专业性服务。尽职调查的对象及主要内容详见下表。

尽职调查对象及主要内容

调查对象	主要内容
企业实地考察	①核实商业计划书的真实性 ②核实净资产、设备，审核以往史料和财务报表 ③考察组织架构和人事档案
会见管理团队	①观察管理团队人员素质 ②了解他们的经验和专长 ③管理层成员经验和个性是否相互配合
业务伙伴和前投资者	①对项目企业管理者的评价 ②建立合作和终止合作 / 投资的原因
潜在客户和供应商	①市场空间及市场占有率 ②市场销路 ③市场潜力的大小和增长速度 ④原材料价格、质量和供应渠道情况
技术专家、行业专家	①产品性能、技术水准 ②是否有替代技术或产品 ③行业和技术的发展趋势 ④验证技术的先进性、可行性、可靠性
银行、会计师、律师、证券公司	①企业过去的融资、偿债和资信状况 ②财务报表的准确性 ③专利、案件诉讼
同类公司市场价值调查	①项目企业未来的价值和盈利前景 ②投入资金所占股份
竞争对手	①对项目企业市场竞争力和占有率的评价 ②对管理人员素质的评价
相关行业企业的管理层	对项目的评估

（四）公司的价值评估

价值评估是私募股权基金基于尽职调查所得到的项目企业历史业绩、预期盈利能力等资料，通过科学的价值评估方法对企业价值进行评估的过程。价值评估是私募股权基金对外投资过程中关键的一步，无论是项目投资还是项目退出，都需要对项目企业进行价值评估。

1. 价值评估的方法

对企业的价值评估方法主要有收益法、市场法和成本法三种。

收益法：通过估算被评估项目在未来的预期收益，并采用适宜的折现率折算成现值，然后累加求和，得出被评估项目价值的一种价值评估方法。根据预期收益估算方式的不同，收益法又可分为实体现金流量折现法、现金流量折现法、现金流量评估法等

市场法：在市场上选择若干相同或近似的项目或企业作为参照物，针对各项价值影响因素，将被评估项目分别与参照物逐个进行价格差异的比较调整，再综合分析各项调整结果，确定被评估项目价值的一种价值评估方法

成本法：用现时条件下的重新购置或建造一个全新状态的被评估项目所需的全部成本，减去被评估项目已经发生的实体性陈旧贬值、功能性陈旧贬值和经济性陈旧贬值，得到的差额作为被评估项目价值的一种价值评估方法

三种评估方法的使用前提以及优缺点详见下表。

企业价值评估基本方法比较

评估方法	使用前提	优点	缺点
成本法	①目标企业的表外项目价值对企业整体价值的影响可以忽略不计 ②资产负债表中单项资产的市场价值能够公允客观反映所评估资产价值 ③购置一项资产所愿意支付的价格不会超过具有相同用途所需的替代品所需的成本	①直观易懂 ②资料容易取得	①不能反映企业未来的经营能力，特别是当企业获利能力较强时 ②对不同资产需要不同方法，计算繁琐 ③不适用于拥有大量无形资产（或商誉）的企业评估
市场法	①要有一个活跃的公开市场 ②在这个市场上要有与评估对象相同或者相似的参考企业或者交易案例 ③能够收集到与评估相关的信息资料，同时这些信息资料应具有代表性、合理性和有效性	①从统计角度总结出公司的特征，得出的结论有一定的可靠性 ②计算简单，资料真实，容易得到股东的支持	①缺乏明确的理论支持 ②受会计准则和市场因素影响 ③难以找到具有完全可比性的参照物
收益法	①投资主体愿意支付的价格不应超过目标企业按未来预期收益折算所得的现值 ②目标企业的未来收益能够合理地预测，企业未来收益的风险可以客观地进行估算 ③目标企业应具持续的盈利能力	①注重企业未来经营状况及获利能力 ②具有坚实的理论基础，较为科学、成熟	①模型中众多参数难以确定 ②计算步骤冗长

由上表可见，对于创业企业而言，比较适用的价值评估方法是市场法和收益法。虽然从理论上讲，收益法考虑了企业未来持续经营的现金流，是比较成熟的估值方法，但其计算复杂，对参数假设敏感性高，因此在国内的私募股权市场上，较为常用的方法还是市场法。

2. 价值评估的数学模型

市盈率模型和现金流折现模型是公司价值评估中两个重要的数学模型，以下简要介绍市盈率模型和现金流折现模型。

（1）市盈率模型

市盈率是股价与收益的比率。因此市盈率模型的基本原理是在预测项目企业收益的基础上，根据一定市盈率来评估项目企业的价值。

其演算过程如下。

市盈率＝参考企业价值 / 参考企业预期收益

项目企业价格＝项目企业预期收益 × 市盈率

项目企业现价＝项目企业预期收益 × 市盈率 /（1+ 预期收益率）

运用市盈率模型计算项目企业价值要注意以下两个要点。

确定适当的市盈率

- 由于项目企业并未上市，没有自身的市场价格，因此只能采用比较方式选用与项目企业具有可比性的已上市企业的市盈率或者整个行业的平均市盈率。究竟选择上述两种市盈率的哪一种作为标准市盈率，则取决于私募股权基金的实际情况和获得相关资料的难易程度
- 其次要对标准市盈率进行调整，因为项目企业通常具有较高的风险，所以在考虑它的市盈率时通常要打一个折扣

预测收益

- 对项目企业利润的初步预测通常是由项目企业管理层在商业计划书中做出，但这种预测是建立在通过一系列预测假设得出的企业业务计划的基础上，因此私募股权基金通常需要对利润预测进行审核
- 审核的重点有两个：一是业务计划是否切合实际，二是预测假设是否合理。私募股权基金会在审核结果的基础上，考虑企业在得到投资后所能获得的改善，对未来利润进行重新评估。未来利润的预测可采用下列公式：

预期利润 = 市场容量 × 市场份额 × 销售净利润率

（2）现金流折现模型

现金流折现模型的基本原理是将项目企业各年度的自由现金流量进行折现值后再累加，得出项目企业的价值。

其计算公式的演变过程如下。

企业价值＝企业权益价值

企业权益价值＝企业总价值－债务价值

企业总价值＝营业价值＋外延投资价值

营业价值＝预测期现金流量现值＋预测期后现金流量现值

现金流量净现值＝∑年度预期自由现金流量 /（1+ 收益率）

自由现金流量＝毛现金流量－投资支出

毛现金流量＝息税前利率 ×（1– 所得税）＋折旧

根据上述公式运用现金流折现模型计算项目企业的价值，主要有以下六大基本步骤。

对各年度自由现金流进行预测

包括计算净营业利润与投资支出；计算价值驱动因素；形成综合历史视角；分析财务状况；了解战略地位；制定绩效情景；预测个别详列科目；检验总体预测的合理性

根据各年度自由现金流计算其折现值

其间通常必须根据非股权投资和股权投资的不同成本来确定和商定不同的收益率或折现率，并考虑它们的不同权重

将各年度自由现金流折现值累加得出连续价值估值

包括选择恰当的预测期限并根据必须的估计参数进行调整

计算企业总价值

即将前面各年度累加得出的营业价值估值加上其间的外源性投资价值，即为企业总价值

计算企业权益价值或企业价值

即将企业总价值扣去债务价值后的余额，即为企业权益价值或者企业价值

结果经验

对价值计算过程与结果进行检验

（五）交易构造和管理

投资者一般不会一次性注入所有投资，而是采取分期投资方式，每次投资以企业达到事先设定的目标为前提，这就构成了对企业的一种协议方式的监管。这是降低风险的必要手段，但也增加了投资者的成本。

在此过程中不同投资者选择不同的监管方式，包括采取报告制度、监控制度、参与重大决策和进行战略指导等。另外，投资者还会利用其网络和渠道帮助企业进入新市场、寻找战略伙伴，以发挥协同效应和降低成本等方式来提高收益。

（六）项目退出

私募股权投资的退出是指基金管理人将其持有的所投资企业的股权在市场上出售，以收回投资并实现投资的收益。

私募股权投资基金的退出是私募股权投资环节中的最后一环，该环节关系到其投资的收回以及增值的实现。私募股权投资的目的是为了获取高额收益，而退出渠道是否畅通是关系到私募股权投资是否成功的重要问题。因此，退出策略是私募股权投资基金者在开始筛选企业时就需要注意的因素。

三、私募股权投资的项目评估标准

对于私募股权投资基金来说，寻找好的企业、好的经营者或管理团队是非常具有挑战性的工作。寻找项目、初步评估和尽职调查等步骤是私募股权投资的基础，在整个项目评估过程中，每个基金的偏好不同，其评估标准会有所不同，但因为创业企业的失败概率极高，所以大多数私募股权基金一般都严格遵循下列标准。

（一）企业和产品具有高成长性

首先，企业要具有高成长性，即公司能在较短时间内达到一定经营规模；其次，拟投资的企业必须具有一定的竞争优势，如具有先进的技术优势或在行业领域中处于较领先的地位；最后，企业要有好产品。所谓好产品，就是必须具备以下特征的产品。

1 它不仅要能满足市场的现有需求，还要能够满足市场的潜在需求

2 它必须具有独特性，具有良好的扩展性、可靠性和维护性，能够满足人们的某些特殊需求，从而能够在市场中获得独占或领先的地位

3 它所服务的市场规模要足够大，这样才能为企业的高成长性奠定基础

4 它必须是不易被模仿的，一个产品（或服务）对市场需求的满足性非常好，而且独特性也非常强，但如果它容易被模仿和替代，就很难保持其市场地位

（二）企业面对的市场足够好

一个好的市场是成就好产品的首要条件。企业所面对的市场最好具备以下条件。

1. 它能为风险产品提供规模足够大的发展空间
2. 它本身具有高成长性
3. 它对即将进入市场的产品（或服务）很容易接受，并且同时又能对产品（或服务）跟随者的模仿形成很高的壁垒
4. 市场能保持一定的竞争水平，企业所面对的竞争既包括同类产品的竞争，同时也包括替代品的竞争等

（三）具有优秀企业家团队

“宁可投资一流的人才、二流的技术，也不投资一流的技术、二流的人才”，这句私募股权投资的口号足以体现出企业管理团队的重要性。对企业的领头人的评估中要求其必须具备以下素质。

企业家的战略思想一般体现在企业文化和经营理念中，所以选择具有长远发展战略眼光的企业家，对保障投资的未来预期收益将起到非常重要的作用

一个具有良好个人品质的企业家应该是忠诚正直、敢于承担责任、机智敏锐、信念坚定、坚韧不拔、精力充沛、乐观豁达而又务实的

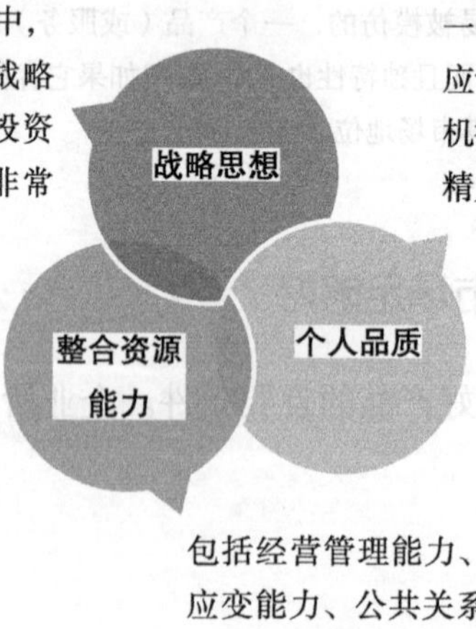

包括经营管理能力、市场营销能力、市场应变能力、公共关系能力、风险预见和防范能力以及技术创新能力等

（四）企业财务状况良好

没有财务规划的企业，是没有财务方向的企业。对中小企业进行财务状况分析与评价至少应当考虑以下几个方面。

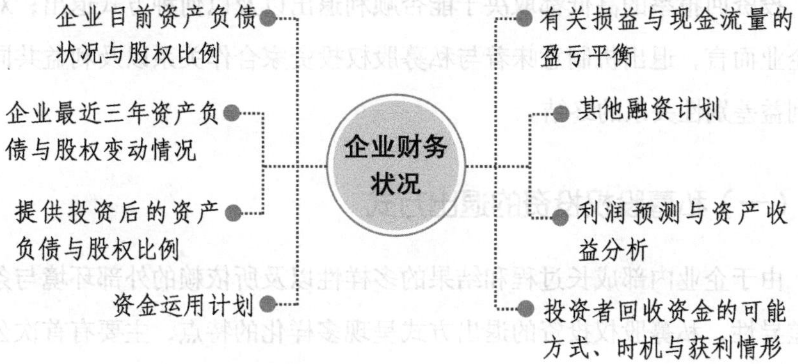

四、私募股权投资的退出

融资、项目选择和退出是私募投资基金过程中的三大环节，三者环环相扣，任何一个环节的堵塞都会影响整个项目的成功。退出机制是运作流程中最基础也是最重要的一个环节，顺畅健全的退出机制在私募投资基金成功循环运作中起着关键性的作用。

私募股权投资的退出机制是指私募股权投资机构在其所投资的创业企业发展相对成熟后，将其持有的权益资本在市场上出售以收回投资并实现投资的收益。私募股权投资的特点即循环投资，也就是具有“投资—管理—退出—再投资”这种循环过程。私募股权投资的退出是私募股权投资循环的最后一个环节，也是核心环节，其实现了资本循环流动，体现了私募股权资本的活力。所以，只有建立畅通的退出机制才能为创业资本提供持续的流通性和发展性。

私募股权投资的退出机制关系到主体双方：对私募股权投资机构而言，退出机制与其投资的收回及投资收益的实现密切相关，投资收益的多少、投资回报率的高低都取决于能否顺利退出以及以何种方式退出；对创业企业而言，退出机制意味着与私募股权投资家合作关系以及利益共同性和利益差别性关系的终结。

（一）私募股权投资的退出方式

由于企业内部成长过程和结果的多样性以及所依赖的外部环境与条件的差异性，私募股权投资的退出方式呈现多样化的特点，主要有首次公开发行上市、股权回购、兼并与收购、管理层收购、二级出售、破产清算等几种模式。

上述几种方式有些差别不大，有很多相似之处，所以一般将私募股权投资的退出方式归纳为三种：IPO、股权转让（包括企业回购、兼并与收购和二级出售）以及破产清算。

1. IPO

IPO 就是首次公开募股发行，一般是在投资企业经营达到理想状态时进行的。其可以使私募股权投资家通过企业上市将其拥有的不可流通的股份转变为公共股份在市场上套现以实现投资收益。IPO 被认为是最常见且是最理想的退出方式之一。在美国，大约 30% 的风险资本通过这种方式退出。

到目前为止，私募股权基金通过 IPO 上市的途径主要有五种。

（1）境内 A 股主板上市

这是指在上海证券交易所主板市场上市和深圳证券交易所中小板市场上市。主板与中小板并没有实质上的不同，法定上市条件是一致的，区别在于中小板适合规模较小（股本总额在人民币 3000 万 ~5000 万元）的公司。

（2）境内 B 股上市

境内 B 股是指专供境外投资者以人民币表明股票面值以外汇买卖的记名式股票。自 H 股和红筹股崛起以来 B 股地位直线下降，市场效率显著降低，已经逐渐丧失融资的功能。

（3）创业板上市

自从 2009 年 3 月 31 日证监会公布《首次公开发行股票并在创业板上市管理暂行办法》，从同年 5 月 1 日开始正式实施创业板市场上市，在上市门槛、监管制度、信息披露、交易者条件、投资风险等方面和主板市场有较大区别，更加有利于新技术、新材料、新能源等高新技术型中小产业的发展与壮大。但同时对这些企业的高成长性有较高要求，要求最近两年营业收入增长率均不低于 30%。创业板市场不仅给高新技术型中小企业提供了融资渠道与成长空间，同时也对私募股权基金的成长有很大的推进作用。

（4）境外直接上市

境外直接上市是指国内企业在境外直接上市，一般有 H 股（香港证券市场上市）、N 股（纽约证券市场上市）和 S 股（新加坡证券市场上市）。

（5）境外间接上市

境外间接上市一般是指在境外如英属维尔京群岛、开曼群岛、巴哈马群岛等设立离岸控股公司在境外直接上市，这种上市模式也被称为“红筹模式”。但随着相关文件的相继出台，红筹上市模式受到了很大的限制，有不少境外上市项目无限期搁置。

IPO 退出虽然被普遍认为是最成功的私募股权基金退出方式之一，但它并非适合于所有的目标企业，与其他的退出方式相比，IPO 退出也有其内在的优势和劣势。

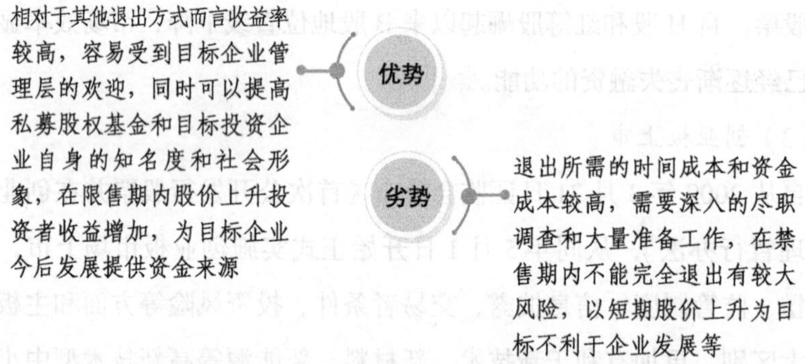
相对于其他退出方式而言收益率较高，容易受到目标企业管理层的欢迎，同时可以提高私募股权基金和目标投资企业自身的知名度和社会形象，在限售期内股价上升投资者收益增加，为目标企业今后发展提供资金来源
优势
劣势
退出所需的时间成本和资金成本较高，需要深入的尽职调查和大量准备工作，在禁售期内不能完全退出有较大风险，以短期股价上升为目标不利于企业发展等

对于私募股权投资基金来说，投资企业能成功上市，是其能功成身退的主要条件之一。只要能坚持到所持股权锁定期解除，私募股权投资基金就能将手里的股权套现，赚个盆满钵满。但当前看来似乎没那么简单，从等待 IPO 上市的潜在上市公司数量看，未来私募股权投资基金以 IPO 上市方式退出无异于“千军万马过独木桥”。

沪深交易所发布的最新IPO申报企业信息显示，目前审核中的待上市企业数量有数百家，按境内IPO近几年季均上市65家公司计算，已申报的待上市企业就需要将近三年才能消化完。而潜在的待上市公司数量更是数不胜数，即使按照国内目前5000家私募股权投资机构（不完全统计）、一家机构一年投资一家企业来计算，则每年潜在上市资源增量就达5000家，按以IPO方式退出的比例为20%计算，每年通过IPO上市的潜在公司增量为1000家。

而实际的IPO数量是，2014年境内IPO数量125家。在这些不容乐观的数据背后，更有相当一部分的私募股权投资基金，其所投企业在IPO申请时就遭遇“滑铁卢”。另外，由于在PE炙热阶段所拿项目普遍估值过高，而目前二级市场平均账面回报率较低。

现阶段IPO退出的难度越来越大且获利空间逐渐收窄，但这种退出方式仍具有很大的优势，不仅可以获得在证券市场上持续融资的机会，还可以保持企业的独立性，对于投资人来说，则可以获得较高的投资回报。

2. 股权转让

股权转让是针对希望快速从企业中退出，以实现资本增值的风险资本家而设计的一种制度。据统计，在美国超过三分之一的风险资本最终选择了这种退出方式。股权转让的方式包括以下几种。

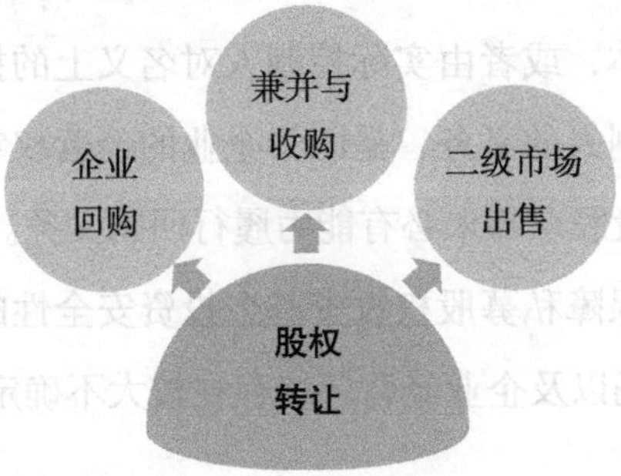

（1）企业回购

企业回购是指投资期满，企业从私募股权投资手中赎回其所持有股权。这是一种很保守的退出方式，通常是创业企业的管理层为了保持公司的独立性而选择的备用方式。而且值得注意的是，回购股份给私募股权投资机构带来的收益并不差。

在企业回购中，最常见的方式是管理层回购。管理层回购是指根据私募股权投资基金和所投资企业的控股股东或实际控制人签订的股权回购协议，由企业或其控股股东或实际控制人按照商定价格购回股权。私募股权投资基金的股权回购操作，一直处于法律的灰色地带。而除了企业 IPO 成功后功成身退，若 IPO 失败，多数私募股权投资基金会选择股权回购当做退路。

管理层回购主要是因为管理层对公司非常了解，当企业发展到一定程度以后，虽然尚未达到公开上市要求，但企业管理层充分相信企业未来的巨大潜力。管理层收购对私募股权投资而言有诸多好处，如管理层对企业比较了解，在回购谈判、签约等环节可节省大量时间和成本，出售价格也相对公平合理，风险资本可迅速而彻底地退出。

为了确保管理层能回购股权，私募股权投资基金一般要与被投资企业的控股股东签订协议，约定在满足一定条件的情况下，私募股权投资基金有权要求控股股东回购自己的股权。企业有实际控制人的，应当要求实际控制人为回购主体，或者由实际控制人对名义上的控股股东的回购提供担保。强调实际控制人的义务，是因为企业的经营权掌握在实际控制人手中，而名义上的控股股东却未必有能力履行回购义务。

管理层回购是保障私募股权投资基金投资安全性的重要措施，尤其是在上市退出渠道不畅以及企业经营环境存在较大不确定性的情况下。

（2）兼并与收购

兼并与收购是指企业间的兼并与收购。私募股权基金投资创业企业不是为了经营，而是希望可以快速实现权益增值然后彻底退出。就这一目的而言，兼并与收购是十分适合私募股权基金的一种退出方式，其益处有如下几点。

1. 并购方通常都会以较高的价格购买创业企业，使私募股权基金能够快速收回现金，从而迅速退出实现投资回报

2. 在创业企业的任何发展阶段都可以实现。公开上市的资源毕竟有限，并不是所有的创业企业都可以顺利上市。而且通过兼并与收购的方式，私募股权基金并不需要过分受法律法规的限制，只要双方协商一致就可以自由地完全地退出

3. 机制灵活，全过程可以控制。私募股权基金可以自由选择有意向的交易对象、出售时间、份额比例，过程上完全依照自己的意愿行事

（3）二级市场出售

二级市场出售是指被投资企业发展到一定阶段后，如果私募股权投资存续期届满，或出于某种原因须使收益变现，私募股权投资基金将所持股份转让给另一家私募股权投资基金，将风险资本退出。

3. 企业清算

企业清算是私募股权投资基金在投资企业无法继续经营时通过清算公司的方式退出投资，这是投资退出的最坏结果，往往只能收回部分投资。

清算包括自愿性清算与非自愿性清算两种形式。

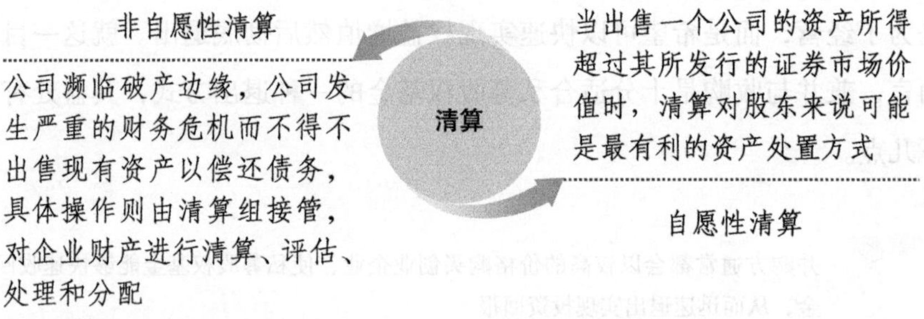
非自愿性清算
公司濒临破产边缘，公司发生严重的财务危机而不得不出售现有资产以偿还债务，具体操作则由清算组接管，对企业财产进行清算、评估、处理和分配
清算
当出售一个公司的资产所得超过其所发行的证券市场价值时，清算对股东来说可能是最有利的资产处置方式
自愿性清算

（二）退出流程

私募股权投资机构的退出流程一般按下列顺序展开。

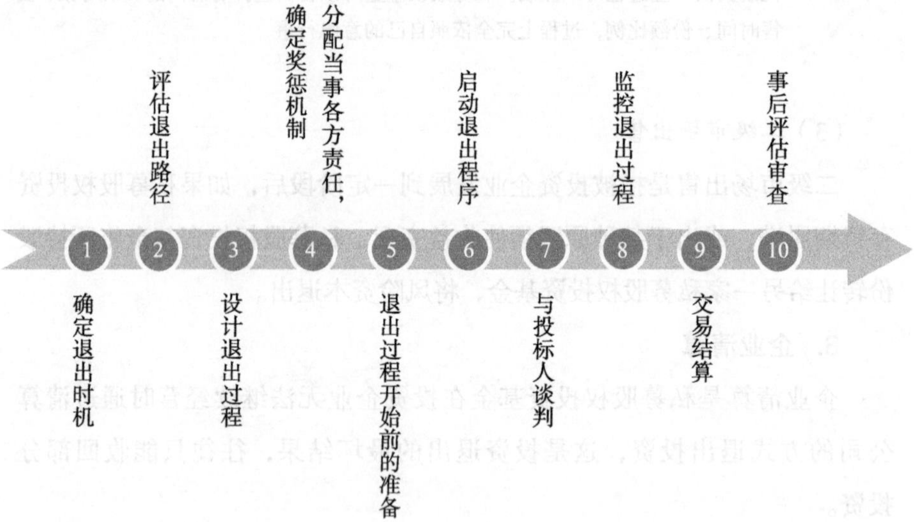
1 确定退出时机
2 评估退出路径
3 设计退出过程
4 分配当事各方责任，确定奖惩机制
5 退出过程开始前的准备
6 启动退出程序
7 与投标人谈判
8 监控退出过程
9 交易结算
10 事后评估审查

（三）退出时机的确定

私募投资基金退出运作的起点是退出时机的确定。确定退出时机时，私募投资基金不仅要考虑当时被投资企业的资金运行状况和收益水平，还

要分析当时的整体宏观经济环境是否适合退出。

从最佳状态来看，退出的时机应该是市场高估企业的时候。市场是不是会高估一个企业，基于市场上投资者的预期，聪明的私募投资基金非常善于提高投资者对企业的预期，但这也需要市场基本面的配合。通常整体经济要向好，市场认为某种行业是朝阳行业的时候，这个行业的企业就容易卖一个好价钱。但只要私募投资基金可以通过改善企业的业绩使企业大幅增值，就不必对市场时机的选择投入太大的精力，只要对时机的把握不出太大的问题，就总是会赚钱的。

在确定退出时机之后，私募股权投资基会就要对各种可供选择的退出路径进行详尽的评估。在对退出时机所处的整体宏观环境进行考虑的基础上，深入比较各种退出路径的利弊。这时，基金管理人也可以聘请专业机构和投资银行等协助其进行分析。

（四）退出过程的设计

确定备选的退出路径后，私募股权投资基金就开始设计整个退出过程。基金经理通常会聘请各方面的专业人员来负责不同方面的运作，比如聘请与退出相关的法律、税收政策和商业事务方面的机构，同时由一家或多家机构进行实时监控，以此来保证退出过程的每一环节都良性运作。

除此之外，私募投资基金必须结合所选择退出路径的特点，确定一份具体的退出进程计划书。一份具有可行性的、完备的、事先草拟的退出进程计划书对于整个退出过程的成败发挥着至关重要的作用。根据退出进程计划书，私募投资基金要分配给退出过程涉及的各方当事人相应的责任和义务。退出过程一般会牵涉大量的人力，将任务和责任有效地分配可以确保退出过程的顺畅。

另外，基金经理人和高层人员在私募投资基金成功退出后所能获得的收益一般在投资开始运作之前就已经在合同中确定，所以这时需要确定的是其他参与退出过程并起着重要作用的工作人员的奖惩机制。

（五）退出过程的监控

在私募投资基金完成一系列相应的准备工作之后，退出过程就可以开始了。首先要将事先准备好的相关信息文件提供给潜在投标方，这一过程中最关键的一点是保密性，其要求潜在投标方在获取任何信息之前都要签署具有法律效力的保密协议。

在退出过程正式开始之后，私募投资基金必须提供给潜在投标方所额外要求的信息，而且要确保他们可以与公司的管理团队进行有选择性的接触。每一种退出进程的风格都大相径庭。在收到投标人的投标书之后，私募投资基金的基金经理和公司顾问要及时评估不同的报价，这个步骤可能会持续几个星期的时间。在此过程中投标人可能还会受到质询，并重新根据变化后的情况报价。

（六）交易结算和事后评估审查

在经过几个回合对于所谓“买卖协议”具体的谈判，双方达成一致之后，一项退出交易基本上就完成了，其结果就是股权的转移。另外，为了给未来的退出交易积累一些有益的经验，对整个退出过程进行事后的评估审查也是非常关键的。特别是，整个交易过程涉及的各方任务协调和整体退出策略值得特别关注。

附：私募股权（PE）投资退出案例

在经历2013年境内IPO市场的封闭后，2014年迎来了境内IPO市场开闸的曙光，积压一年多的待IPO企业迎来上市高潮，参与投资的股权投资机构也离通过IPO的方式退出更近一步。此外选择境外上市的企业依然比较活跃，选择境外上市的企业主要集中在互联网和无线互联网领域，其中不乏京东商城、聚美优品等著名电商企业成功实现境外上市。

据统计，2014年前五个月共有47家私募股权基金支持的企业在境内外成功上市，其中境外上市的有12家企业，境内上市的有35家企业，企业上市使众多股权投资机构获得以较高投资回报退出的机会。

根据相关研究机构对企业上市其幕后股权投资机构获利情况的估算，2014年上半年私募股权投资机构在投资的公司上市之后获取了丰厚的回报，回报前五名的具体情况详见下表。

2014年上半年私募股权投资机构通过IPO方式退出回报前五名

按回报倍数排名	PE机构名称	名称	首次投资时间	上市时间	上市地点	上市后持股比例	上市后投资回报倍数	退出金额（百万美元）
1	正海资产	应流股份	2011.3	2014.1	上海交易所	2.50%	104.81	13.46
2	雄牛资本	京东商城	2009.1	2014.5	纳斯达克证券交易所	2.2%	84.93	1019.17
3	鼎晖投资	应流股份	2006.4	2014.5	上海证券交易所	16.23%	71.66	87.39

（续表）

按回报倍数排名	PE机构名称	名称	首次投资时间	上市时间	上市地点	上市后持股比例	上市后投资回报倍数	退出金额（百万美元）
3	光大控股	聚美优品	2006.4	2014.1	上海证券交易所	16.23%	71.66	87.39
4	万盛投资	纽威股份	2009.9	2014.4	上海证券交易所	0.80%	54.93	17.18
5	老虎基金	京东商城	2011.3	2014.5	纳斯达克证券交易所	17.56%	36.47	8206.37
注释：该投资回报倍数基于其上市发行价格计算，未考虑后来股价影响								

从上表可以看出，应流股份成功上市使相应的私募股权投资机构投资回报位于前五名，其中，正海资产以104.81倍投资回报位居私募股权投资机构第一名，鼎晖投资以71.66倍的投资回报和光大控股并列第三名。

京东商城的成功上市也使两家私募股权投资机构位于前五名，雄牛资本获得84.93倍的投资回报位居第二名，老虎基金获得36.47倍的投资回报位居第五名，按上市发行价格计算老虎基金可退出金额高达82.06亿美元。万盛投资通过纽威股份的成功上市，获得了高达54.93倍的投资回报位居第四名。

另外高瓴资本通过京东上市获得了较高的退出回报，和利资本、东方富海等机构通过我武生物的成功上市也取得高额回报。

第三章

私募股权投资与天使投资和风险投资的区别

广义上的天使投资、风险投资、私募股权投资三者都可以被认为是风险投资，我国官方将这些投资统称为创业投资。从严格概念上来讲，私募股权投资指投资于未在证券交易所公开上市交易的公司，所以私募股权投资涵盖了天使投资和风险投资，并具有更广阔的范畴。简单来说，三者是根据被投项目所处的阶段来划分的，天使投资是种子期，风险投资是早期 / 成长期，私募股权投资是成熟期。尽管如此，三者的区别并不仅仅体现于时间的先后，不同阶段的投资往往是由不同的投资者进行的，投资的金额、来源以及投资者的关注点都有差别。

一、私募股权投资与天使投资的区别

天使投资一词起源于纽约百老汇的演出捐助。“天使”这个词是由百老汇的内部人员创造出来的，被用来形容百老汇演出的富有资助者，他们为了创作演出进行了高风险的投资。

天使投资是自由投资者或非正式风险投资机构对原创项目构思或小型初创企业进行的一次性的前期投资，天使投资是风险投资的一种，是一种非组织化的创业投资形式。

天使投资有以下几个特点。

1. 天使投资是一种直接投资方式，它由富有的家庭和个人直接向企业进行权益投资，是创业企业最初形成阶段（种子期）的主要融资方式
2. 天使投资者不仅向创业企业提供资金，往往还利用其专业背景和自身资源帮助创业企业获得成功，这也是保障其投资的最好方法
3. 天使投资一般以个人投资的形式出现，其投资行为是小型的个人行为，对被投资项目的考察和判断程序相对简单，时效性更强
4. 天使投资者一般只对规模较小的项目进行较小资金规模的投资

天使投资虽是风险投资家族的一员，但与常规意义上的私募股权投资相比，又有着以下几点不同之处。

（一）投资阶段不同

从投资阶段上来说，私募股权投资的投资对象主要为拟上市公司，而天使投资的投资阶段相对较早，但是并不排除中后期的投资。

（二）投资规模不同

私募股权投资一般投资额较大，而且是随着风险企业的发展逐步投入，对投资企业的审查比较严格；天使投资投入资金金额一般较小，一次投入，不参与管理，对投资企业审查不太严格，更多地是基于投资人的主管判断甚至是喜好而决定。

私募股权投资是大手笔，往往是集合了几家机构的资金；而天使投资往往是一人掏钱，见好就收。私募股权投资是一种正规化、专业化、系统化的大型商业行为，而天使投资则是一种个体或者小型商业行为。

（三）投资理念不同

天使投资既可长期进行股权投资并协助管理，也可短期投资寻找机会将股权进行出售；而私募股权投资一般是协助投资对象完成上市然后套现退出。

二、私募股权投资与风险投资的区别

风险投资（Venture Capital，VC）又称“创业投资”，是指由职业金融家投入到新兴的、迅速发展的、有巨大竞争力的企业中的一种权益资本，是以高科技与知识为基础，以生产与经营技术密集的创新产品或服务为主的一种投资。

风险投资在创业企业发展初期投入风险资本，待其发育相对成熟后，通过市场退出机制将所投入的资本由股权形态转化为资金形态，以收回投资。风险投资的运作过程分为融资过程、投资过程、退出过程。

风险投资是企业成长与科技成果转化的孵化器，其作用主要表现在以下几方面。

1 **融资功能**

风险资本为创新企业提供急需的资金，保证创业中资金需求的连续性

2 **资源配置功能**

风险资本市场存在着强大的评价、选择和监督机制，产业发展的经济价值通过市场得以公正地评价和确认，以实现优胜劣汰，提高资源配置效率

3 **产权流动功能**

风险资本市场为创新企业的产权流动和重组提供了高效率、低成本的转换机制和灵活多样的并购方法，促进创新企业资产优化组合，并使资产具有了较充分的流动性和投资价值

4 **风险定价功能**

风险定价是指对风险资产的价格确定，它所反映的是资本资产所带来的未来收益与风险的一种函数关系。投资者可以参照风险资本市场提供的各种资产价格，根据个人风险偏好和个人未来预期进行投资选择。风险资本市场正是通过这一功能在资本资源的积累和配置中发挥作用的

风险资本市场是一个培育创新型企业的市场，是创新型企业的孵化器和成长摇篮。风险投资是优化现有企业生产要素组合，把科学技术转化为生产力的催化剂。风险投资不同于传统的投资方式，它集金融服务、管理服务、市场营销服务于一体。

风险投资机构为企业从孵化、发育到成长的全过程提供了融资服务。风险投资不仅为种子期和扩展期的企业带来了发展资金，还带来了国外先进的创业理念和企业管理模式，手把手地帮助企业解决各类创业难题，使很多中小企业得以跨越式发展。

风险投资和私募股权投资基金的区别包括以下几点。

（一）投资阶段不同

一般而言，风险投资基金进行投资时，被投资企业仍然处于创业期，还没有发展成熟，甚至可能只是拥有一项新技术、新发明或者新思路，还没有研发出具体的产品或者服务。

私募股权基金的投资对象是那些已经形成一定规模并产生稳定现金流的成熟企业，甚至有些私募股权基金只热衷于投资 Pre-IPO（公司上市之前的比较短的时间段），在这一点上与风险投资完全不同。

（二）封闭期限不同

正是由于风险投资基金投资的许多企业仍然处于创业期，因此从投资到退出有一个较长的阶段。相对而言，私募股权基金投资的封闭期限要短一些。

（三）投资理念不同

风险投资强调高风险、高收益，既可长期进行股权投资并协助管理，也可短期投资寻找机会将股权进行出售。而私募股权投资一般是协助投资对象完成上市然后套现退出。

（四）投资特点不同

风险投资基金的投资对象通常是高新技术企业，这类企业具有高风险、高回报的特点。20 世纪 90 年代以来，风险投资的主要投资对象从遗传工程、计算机硬件等转向光盘驱动器、多媒体、电信业、计算机软件行业和国际互联网领域，都是高新技术行业。私募股权基金的投资对象则没有这样的限定和偏好。

第四章

私募股权投资的价值和意义

融资难一直是创业企业和小微企业发展的瓶颈，在融资难长期得不到解决的情况下，私募股权投资基金的出现给企业带来了发展急需的资金，同时也给各行业带来了产业升级的机遇，给政府带来了调整经济结构的最前沿信息。

私募股权投资基金是未上市中小企业发展壮大的强心剂，企业家们只要了解它，并运用得当，就会为企业发展获取合法、安全和有效的资金支持。

一、私募股权投资的价值

私募股权投资作为现代经济的重要组成部分，在提高投资效率、解决投资信息不对称、为投资者提供价值增值等方面体现出了重要价值。随着中国金融市场的日趋理性规范发展，私募股权投资基金作为一种重要的金融力量，推动着中国经济的发展。

（一）提高投资效率

现代经济学契约理论认为，作为经济活动的基本单位，交易是有费用或成本的。所谓交易费用，“就是经济系统运作所需要付出的代价或费用”。具体到投资活动来说，往往伴随着巨大的风险和不确定性，使得投资者需要支付搜寻、评估、核实与监督等成本。

私募股权投资基金作为一种集合投资方式，能够将交易成本在众多投资者之间分担，并且能够使投资者分享规模经济和范围经济。相对于直接投资，投资者利用私募股权投资方式能够获得交易成本分担机制带来的收益，提高投资效率，这是私募股权投资存在的根本原因。

（二）解决信息不对称风险

私募股权投资活动中存在严重的信息不对称，该问题贯穿于投资前的项目选择直到投资后的监督控制等各个环节。而私募股权投资基金作为专业化的投资中介，能够有效地解决信息不对称引发的逆向选择与道德风险问题。

首先，私募股权投资基金的管理人通常由对特定行业拥有相当专业知识和经验的产业界和金融界的精英组成，对复杂的、不确定性的经营环境具有较强的计算能力和认识能力，能用敏锐的眼光洞察投资项目的风险概率分布，对投资项目前期的调研和投资项目后期的管理具有较强的信息搜寻、处理、加工和分析能力，其作为特殊的外部人能最大限度地减少信息不对称，防范逆向选择。

其次，私募股权投资的制度安排也有利于解决信息不对称带来的道德风险问题。

私募股权投资基金最常见的组织形式是有限合伙公司，通常由普通合伙人和有限合伙人组成。高级经理人一般作为普通合伙人，一旦签订投资项目协议，就会以股东身份积极参与企业的管理，控制并扶持投资企业的发展。

因此，私募股权投资公司的股东与普通公司的股东相比，能更准确地知道企业的优势和潜在的问题，向企业提供一系列管理支持和顾问服务，最大限度地使企业增值并分享收益。私募股权投资的制度安排比较有效地解决了委托代理问题，这是私募股权投资得以快速发展的又一原因。

（三）提供价值增值

现代金融经济学认为，投资组合能够减少经济活动的非系统性风险，从而成为风险管理的重要手段。但对于单个投资者来说，分散化投资会给投资者带来额外的成本。

例如，投资者可能不得不减少在某个企业中的投资比例，从而使得投资者对该企业的控制减弱，或者投资者将不得不花费更多的精力和成本对不同的投资项目进行监督和管理。而私募股权投资基金采取的是集合投资方式，它可以通过对不同阶段的项目、不同产业项目的投资来分散风险，因此投资者通过私募股权投资基金这一投资中介进行投资，除了能够享受成本分担的收益，还能够分享分散投资风险的好处，进而获得价值增值。

二、中国发展私募股权投资基金的意义

私募股权投资基金在发达国家的经验证明了作为金融创新和产业创新结合的产物，它能够为新兴公司提供创业和持续发展所需的宝贵资金，催生新的产业，促进公司治理结构的完善和国家多层次资本市场的发展，也是金融机构资产配置和投资组合的重要内容。

（一）疏通直接融资渠道

发展私募股权投资基金，可以疏通直接融资渠道，改善资本市场结构。长期以来，中国资本市场直接融资比例过低，造成金融风险集中于商业银行，同时又存在着中小企业、农村地区企业融资困难问题。私募股权投资基金作为直接融资的重要形式，在寻找投资信息、管理投资项目等方面具有信息和技术优势。发展私募股权投资基金，可引导资金流向，促进直接融资发展，分散银行体系风险，改进中小企业、农村地区企业的融资。

由于私募股权投资基金的前瞻性和专业眼光，往往能帮助优质的但暂时不符合银行贷款条件和上市融资资格的中小企业实现融资和超常规发展。

（二）推动产业重组和升级

发展私募股权投资基金，可以推动产业重组和升级，促进经济结构调整。私募股权投资基金作为有效整合资金、技术、管理等市场要素的金融工具，可在产业重组、自主创新等方面中发挥主导作用，推动生产要素的优化组合和产业升级，促进中国经济结构调整。

私募股权投资基金作为以支持创新、创造、创业为主的投融资机制，对未来新兴行业有着敏锐的触觉，拥有将高科技项目市场化的专业和实力。全球著名的科技创新企业，包括英特尔、苹果等，都曾获得过私募股权投资机构的支持。

（三）化解宏观调控的负面影响

发展私募股权投资基金，可以化解宏观调控的负面影响，降低经济硬着陆风险。当前宏观调控对于促进就业、保持经济平稳较快增长发挥了积极作用。但由于经济结构的差异，地区间、行业间、企业间面临的市场环境各不相同，宏观调控政策难免会对一些特定行业、企业造成负面影响。

发展私募股权投资基金，可通过微观主体引导资金的流动，与宏观调控手段形成互补，并在一定程度上化解宏观调控负面影响，降低经济硬着陆风险。

（四）促进公司治理结构的完善

由于所投资的企业通常处于发展的初创期，经营业绩的波动性较大，因此私募股权投资机构为了控制投资风险，提高企业业绩，经常介入所投资的企业的管理，而这在客观上协助企业不断提高管治水平，从而使企业尽快走上稳健发展的正轨。在这种情况下，私募股权基金作为一种市场监控力量，对公司治理结构的完善有重要的推动作用。为今后企业上市提升内部控制水平创造良好条件。

（五）促进多层次资本市场的发展

私募股权投资基金一般侧重于一级市场的投资，通过风险投资机构和私募股权投资机构的专业眼光和积极介入，可以为二级市场挑选和培育更多优良的企业，推动中国中小板和创业板市场的发展。

（六）是金融机构资产配置和投资组合的重要内容

私募股权投资基金也是金融机构资产配置和投资组合的重要内容。目前金融机构的资产仍较单一，金融机构缺乏多样化、风险分散的资产配置方式。私募股权投资基金具有高回报、高风险的特点，与股票市场和债券市场的相关系数较低。金融机构可根据自身风险承受能力和风险控制水平的不同，在贷款、股票、债券、私募股权投资基金等各类金融资产之间进行合理的配置，实现对风险的更有效管理。

第五章

私募股权投资的风险及风险管理

私募股权投资近几年来已经成为一种重要投资方式，各种背景的资金纷纷进入该领域。人们看到的是动辄十倍、数十倍的高额回报，暴富的神话也广为流传，然而面对浮躁的环境，冷静的投资者必须思考两个问题：风险和风险管理。

私募股权投资是一项长期投资，从发现项目，投资于项目，到最后实现盈利并退出项目需要经历一个长久的过程，在整个项目运作过程中存在很多风险，投资机构需要对这些风险设定好充分的对策进行管理。

一、私募股权投资的风险

私募股权投资本身就是一种关于风险的游戏。其回报的基础是风险，不承担风险就没有回报。如同任何投资一样，在作出投资决策之前先要想清楚风险在哪里，这些风险是否能够承受。私募股权投资中的风险可以概况为全球经济变化风险、全球资本市场变动的风险、政策性风险、行业风险、企业运营风险、法律风险等几类。

（一）全球经济变化的风险

经济发展存在周期性变动，这是一个常识。当全球经济处在扩张时期时，大多数经济体都会跟着经济大潮的高涨而高涨。但是全球经济在出现衰退的时候，投资者也不得不接受一个较低的收益率。尽管私募股权投资基金可能在全球配置它的资产，但仍然无法摆脱全球经济变化的风险。

（二）全球资本市场变动的风险

私募股权投资的本质是金融投资，当全球资本市场出现变动时，对该行业的影响是非常巨大的。全球资本市场的变动对私募股权投资基金的影响体现在以下三个方面。

其一，私募股权投资基金也需要融资，因此当资本市场银根紧缩的时候，私募股权投资基金通常难以获得低价的融资，从而直接提高了私募股权投资基金的成本。

比如从2007年开始的美国次贷危机，一度导致银行减少了贷款的发放，让不少私募股权投资基金的交易随之搁浅。但随后美联储联合其他几国的央行向资本市场注入了大量的流动性，并且下调了基础利率，从而在某种程度又降低了私募股权投资基金的融资成本。

其二，私募股权投资基金也经常通过资本市场退出，如果资本市场低迷，好生意也可能卖不出好价钱。

比如中国的A股市场，在2011年至2012年市场低迷的时候，市场上大部分股票的平均市盈率只有20几倍，而到了2015年行情火爆的时候，市场的平均市盈率涨到了50倍以上。那么同样一家符合上市条件的企业，如果在2012年A股上市，可能市值不到2015年上市的一半。

其三，由于私募股权投资基金实际上也是一种投资工具，所以私募股权投资基金和资本市场的其他投资工具之间有一种微妙的替代关系。

比如在股市火爆的时候，很多人都把时间和经济投入到暴利的股票市场，这就降低了投资者对私募股权投资基金的热情。但是如果大家都关注股票，反而有利于私募股权投资基金在一个相对缺乏竞争的环境中去寻找好的投资机会。

全球的资本市场是一个相关度非常强的市场，一荣俱荣，一损俱损。在这种情况下，即使是全球配置资产也不能化解来自资本市场的风险。

（三）政策性风险

全球性风险在哪里都会出现，而政策性风险只会出现在某个地区。当然这个地区的范围可能很大也可能很小。比如一个地区如果取消了在该地区注册的私募股权投资基金的税收优惠，那么仅仅对于在本地的私募股权投资基金的收益造成影响，而美国的货币政策将会对全世界的每一个地区都造成影响。

政策性风险随时可能发生，影响也是多方面的，尤其是在中国的私募股权投资基金，更应该注意政策性风险。

（四）行业风险

私募股权投资基金所投资的企业所处的行业也可能面临风险，如今的中国处在经济转型时期，传统行业日益凋零，新的经济增长引擎并未出现，私募股权投资基金如果投资的行业不好，将会面临很大的亏损风险。

（五）企业运营风险

当私募股权投资基金参股一家企业后，企业运营的失败将会直接给私募股权投资基金带来损失。很多人会有这样的疑问，干私募股权投资基金的人不就是要帮助企业做好，才赚到钱的吗？但事实并不是这样，对于一些比较小的投资，私募股权投资基金通常不会非常关注投资企业的运作。有的研究推算过，如果一个投资人要在 3~5 年内做出 5 个投资决定，他最多每年只有几天的时间可以用于关注他已经投资的企业。因此，指望私募股权投资基金的管理人直接管理他投资的项目是不切实际的。即使私募股权投资基金管理人有时间，也未必有足够的知识和能力把企业做好。

私募股权投资基金能为企业提供的并不是确定成功的保障，它通常只能为企业提供一些有价值的帮助，而企业经营的好坏基本上还是取决于企业管理层的努力。所以并不是所有的私募股权投资基金都有足够的能力做好旗下企业的经营。

（六）相关法律风险

私募股权投资基金的法律风险，是指私募股权投融资操作过程中相关主体不懂法律规则、疏于法律审查、逃避法律监管所造成的经济纠纷和涉诉给企业带来的潜在或已发生的重大经济损失。

法律风险的原因通常包括违反有关法律法规、合同违约、侵权、怠于行使公司的法律权利等。具体风险内容包括债务拖欠，合同诈骗，盲目担保，公司治理结构软化，监督乏力，投资不做法律可行性论证等。潜在的法律风险和经济损失则不计其数。

私募股权投资基金的法律风险包括以下几类。

1. 合同法律风险

私募股权投资基金与投资者之间签定的管理合同或其他类似的投资协议，往往存在保证资金安全、保证收益率等不受法律保护的条款。此外，私募股权基金投资协议缔约不能、缔约不当与商业秘密保护也可能带来合同法律风险。

私募股权投资基金与目标企业谈判的核心成果是投资协议的订立，这是确定私募股权投资基金资金方向与双方权利义务的基本法律文件。在此过程中，可能涉及三个方面的风险。

1 缔约不能的法律风险

2 谈判过程中所涉及技术成果等商业秘密保护的法律风险

3 缔约不当的法律风险

这些风险严格而言不属于合同法律风险，而是附随义务引起的法律风险。

2. 操作风险

中国现有法律框架下的私募股权投资基金主要有三种形式。

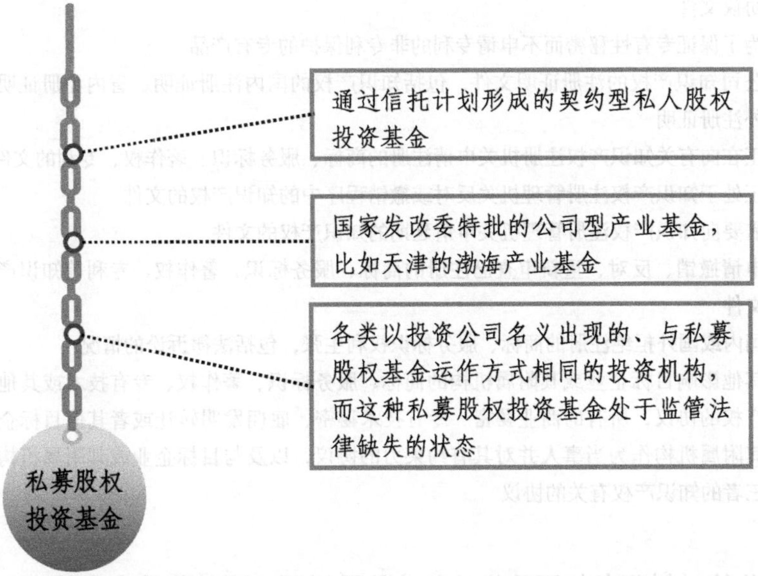
通过信托计划形成的契约型私人股权投资基金
国家发改委特批的公司型产业基金，比如天津的渤海产业基金
各类以投资公司名义出现的、与私募股权基金运作方式相同的投资机构，而这种私募股权投资基金处于监管法律缺失的状态
私募股权投资基金

虽然中国私募股权投资基金的运作与现有法律并不冲突，但在实施过程中又缺乏具体的法规和规章，导致监管层与投资者缺乏统一的观点和做法，部分不良私募股权投资基金或基金经理存在暗箱操作、过度交易、对倒操作等侵权违约或者违背善良管理人义务的行为，这些都将严重侵害投资者利益。

3. 知识产权法律风险

私募股权投资基金选择的项目如果看中的是目标企业的核心技术，则应该注意该核心技术的知识产权是否存在法律风险。有关知识产权的法律风险可能存在以下几个方面。

- 所有由目标公司和其附属机构拥有或使用的商标、服务标识、商号、著作权、专利和其他知识产权
- 涉及特殊技术开发的作者、提供者、独立承包商、雇员的名单清单和有关雇佣开发协议文件
- 为了保证专有性秘密而不申请专利的非专利保护的专有产品
- 公司知识产权的注册证明文件，包括知识产权的国内注册证明、省内注册证明和国外注册证明
- 正在向有关知识产权注册机关申请注册的商标、服务标识、著作权、专利的文件
- 正处于知识产权注册管理机关反对或撤销程序中的知识产权的文件
- 需要向知识产权注册管理机关申请延期的知识产权的文件
- 申请撤销、反对、重新审查已注册的商标、服务标识、著作权、专利等知识产权的文件
- 国内或国外拒绝注册的商标、服务标识权利主张，包括法律诉讼的情况
- 其他影响目标企业或其附属机构的商标、服务标识、著作权、专有技术或其他知识产权的协议，所有的商业秘密、专有技术秘密、雇佣发明转让或者其他目标企业及其附属机构作为当事人并对其有约束力的协议，以及与目标企业或其附属机构或第三者的知识产权有关的协议

此外，创业者与原单位的劳动关系问题、原单位的专有技术和商业秘密的保密问题以及遵守同业竞争禁止的约定等，都有可能引发知识产权纠纷。

4. 律师调查不实或法律意见书失误法律风险

私募股权投资基金一旦确定目标企业之后，就应该聘请专业人士对目标企业进行法律调查。因为在投资过程中双方处于信息不对称的地位，所以法律调查的作用在于使投资方在投资开始前尽可能多地了解目标企业各方面的真实情况，发现有关目标企业的股份或资产的全部情况，确认他们已经掌握的重要资料是否准确地反映了目标企业的资产负债情况，以避免对投资造成损害。

在私募股权投资中，目标企业为非上市企业，信息批露程度就非常低，投资者想要掌握目标企业的详细资料就必须进行法律调查，来平衡双

方在信息掌握程度上的不平等，明确该并购行为存在哪些风险和法律问题，这样双方就可以对相关风险和法律问题进行谈判。

私募股权投资基金投资中律师调查不实或法律意见书失误引起的法律风险是作为中介的律师事务所等机构与投资机构及创业企业共同面对的法律风险。尽职调查不实，中介机构将承担相应的法律责任，投资机构可能蒙受相应损失，而创业企业则可能因其提供资料的不实承担相应的法律责任。

5. 私募股权投资基金进入企业后的企业法律风险

私募股权投资基金进入企业后的企业法律风险主要包括以下几个方面。

日常经营过程中存在的风险

- 合同风险
- 不规范经营风险
- 债权过于集中带来的风险

管理引起的法律风险

- 治理结构缺陷带来的决策风险
- 员工意外伤害风险
- 规章制度不健全导致的员工道德风险
- 公司印章管理不严带来的债务风险

资金运用引起的法律风险

- 投资合作风险
- 分支机构风险
- 借贷风险
- 担保风险

6. 退出机制中的法律风险

目标企业股票发行上市通常是私募股权基金所追求的最高目标。股票上市后，投资者作为发起人在经过一段禁止期之后即可售出其持有的企业股票或者是按比例逐步售出持有的股票，从而获取巨额增值，实现成功退出。

上市主要通过两种方式：一种是直接上市，另一种是买壳上市。直接上市的标准对企业而言还相对过高，因此中国企业上市热衷于买壳上市。表面上看，买壳上市可以不必经过改制上市程序，能够在较短的时间内实现上市目标，甚至在一定程度上可以避免财务公开和补交欠税等监管。

但从实际情况看，目前中国上市公司壳资源大多数“不干净”，债务或担保陷阱多，职工安置包袱重，如果买壳方没有对壳公司历史做出充分了解，没有对债权人的索债请求、偿还日期和上市公司对外担保而产生的一些负债等债务问题做出充分调查，就会存在债权人通过法律的手段取得上市公司资产或分割买壳方已经取得的股权，企业从而失去控制权的风险。

回购退出方式（主要是指原股东回购、管理层回购）实际上是股权转让的一种特殊形式，即受让方是目标企业的原股东。有的时候是企业管理层受让投资方的股权，这时则称为“管理层回购”。以原股东和管理层的回购方式退出，对投资方来说是一种投资保障，使得风险投资在股权投资的同时也融合了债权投资的特点，即投资方投资后对企业享有股权，同时又在管理层或原股东方面获得债权的保障。

回购不能也是私募股权投资基金退出的主要法律风险，表现为私募股权投资基金进入时的投资协议中回购条款设计不合法或者回购操作违反《公司法》等法律法规。

对于失败的投资项目来说，清算是私募股权投资基金退出的唯一途径，及早进行清算有助于投资方收回全部或部分投资本金。但在破产清算程序中还存在许多法律风险，包括资产申报、审查不实、优先权、别除权、连带债权债务等。

（七）价值评估带来的风险

在私募股权投资基金的运作过程中，对被投资项目进行的价值评估决定了投资方在被投资企业中最终的股权比重，过高的评估价值将导致投资收益率下降。但由于私募股权投资的流动性差，未来现金流入和流出不规则，投资成本高，以及未来市场、技术和管理等方面可能存在很大的不确定性，使得投资的价值评估风险成为私募股权投资基金的直接风险之一。

（八）委托代理带来的风险

在私募股权投资基金中主要有两层委托代理关系：第一层是私募股权投资基金管理人与投资者之间的委托代理；第二层是私募股权投资基金与企业之间的委托代理。

第一层委托代理问题的产生主要是因为私募股权投资基金相关法律法规的不健全和信息披露要求低，这就不排除部分不良私募股权投资基金或基金经理存在暗箱操作、过度交易、对倒操作等侵权、违约或者违背善良管理人义务的行为，这将严重侵害投资人的利益。

第二层委托代理问题主要是“道德风险”问题，由于投融资双方的信息不对称，被投资方作为代理人与投资人之间存在利益不一致的情况，这就产生了委托代理中的“道德风险”问题而可能损害投资者的利益。这一风险在某种程度上可以通过在专业人士的帮助下，制作规范的投融资合同并在其中明确双方权利义务来进行防范，如对投资工具的选择、投资阶段的安排、投资企业董事会席位的分配等内容作出明确约定。

二、私募股权投资的风险管理

近年来私募股权投资逐渐发展成为一种高效的资金配置机制，这与其风险控制策略有着密切的关系。随着私募股权投资行业的不断发展，已经形成了许多行之有效的风险控制方法。在私募股权投资中，投资方最主要的风险控制策略都包括在双方签署的投资协议中。控制风险的另一个重要方法是股份调整，除此之外还有一些其他的风险控制方法。

（一）投资人优先保护的合同条款

投资协议是一份具有法律约束力的合同，其中合同制约的风险控制策略是制定投资人优先保护条款，这主要包括陈述与保证、承诺、违约补救等。

1. 陈述与保证

陈述与保证是对企业过去的行为做出的保证，该条款明确规定融资企业所提供给投资人的所有财务和经营信息是真实、确定、充分、完全的，是按照有关标准制定的，这些信息涉及公司的资本、股东权益、资产、或有负债、未决诉讼、未定专利权等。

这种书面保证的目的是明确不管投资有没有做尽职调查、做到什么程度，他们所做出的决策从法律上来说取决于企业提供的资讯，对于投资人根据融资方提供的错误信息所做出的投资决策，融资方必须承担相应的法律责任。这就为投资人提供了充分的保护，避免了融资方利用虚假或不确定的信息圈钱。

2. 承诺

承诺是对企业在融资后的营运模式、营运目标、应该做或不应该做的行为、目标、结果做出的肯定性和否定性条规。

例如，肯定性条规中规定企业应定时提供详细的财务和经营报告；又如，经审计的财务报表、销售月报、现金流量表，规定公司必须在不同时期达到一定的盈利目标，维持一定的流动资金、净资产和流动比率等；再如，否定性条规中限制企业未经投资方同意做出变更企业经营性质和资本结构的交易，如企业并购、资产重组等。

3. 违约补救

违约补救是指私募股权投资人有权对管理层施加压力，如果经营状况进一步恶化，甚至会接管整个董事会，调整公司和管理层。由于在私募股权投资一开始，投资者一般处于少数股东的地位，而企业家处于控股地位。当企业管理层不能按照业务计划的各项目标来经营企业时，私募股权投资就有权实施上述的违约补救措施，以实现投资风险的控制。

私募股权投资家往往与企业家签订一份投票权协议来给予私募股权投资在一些重大问题上的特别投票权。如果发现企业违反投资协议，或是提供的信息存在明显错误，或是疏忽成误导，或是发现大量负债，企业家都要承担责任。同时，投资家会对企业管理层提出更高的要求，并可能采取如下违约补救措施。

1. 调整优先股转换比例
2. 提高投资者的股份比例，或减少企业家个人的股份
3. 投票权和董事会席位转移到私募股权投资家手中
4. 调整或解雇公司管理层

（二）股份调整

私募股权投资控制风险的另一重要的策略是股份调整。所谓股份调整，就是指在私募股权投资过程中，调整投资家优先股转换比例或投资家、企业家在公司股份中的比例等所有与股份变动相关的风险控制方法。

其运用过程中的具体方式包括以下几种。

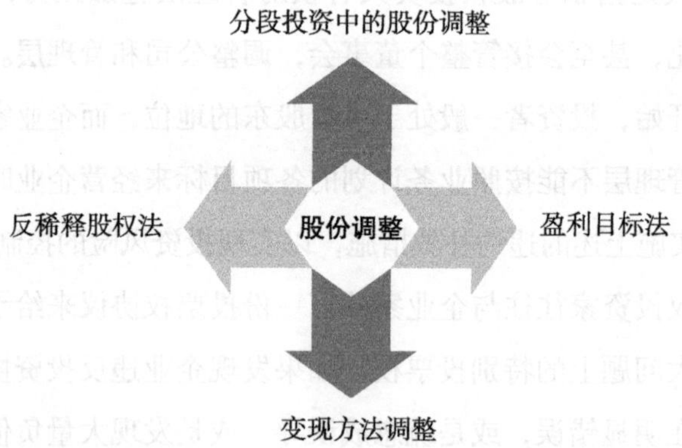

1. 反稀释股权法

所谓股权稀释，就是指当企业由于分段投资的策略再追加投资时，后期投资者的股票价格低于前期投资者，或产生配股、增股转红股而没有相应的资金注入时，前期投资者的股票所包含的资产价值被稀释了，即为股权稀释。

在私募股权投资过程中发生股权稀释时，必须增加前期投资成优先股转换成普通股时的最后所获得股票数来平衡，即调整转换比例，使前期投资者的股票价格与所有融资过程中所发行股票的加权平均价或最低价相同。

在可能存在有后期投资者的情况下，私募股权投资家们通常都是采用反稀释股权法来防范自身股权被稀释的风险的。

2. 变现方法调整

可能存在这样的情况，即企业原本可以上市或被其他大的企业收购，而企业家却不愿意这么做。在这种情况下，投资者只能通过企业回购股票来实现退出和变现，这时候须调高优先股转换成普通股的比例，同时企业必须允许投资人向企业出售更多的股份。

通过变现调整法，投资方可以有效控制其投资的退出变现风险。

3. 盈利目标法

盈利目标法，就是将双方持股比例和股价的确定与企业经营的业绩挂钩。根据经营目标的完成情况，通过调整转换比率来调整双方的持股比例。

投资协议中可能规定企业达到的某一盈利目标，企业可以持有的最多股份，或达不到目标时，私募股权投资家可以拥有的最多股份等，通过调整转换比率来调整双方最后的股份比例，因此实现了股份价格和双方比例与经营业绩和及时完成目标挂钩，从而也实现了投资家有效防范企业管理层经营不力的风险。

4. 分段投资中的股份调整

分段投资中的股份调整是指前一轮投资后企业如果没有达到规定的盈利目标，下一轮投资的转换比例就会增大。这样可以促使经营层在下一轮投资前务实经营，实现既定盈利目标，从而也控制了投资方的风险。

以上诸多股份调整策略可配合使用，灵活多样，这主要是为了鼓励企业家在寻求投资时制定出一个客观现实的盈利预期、业务目标和预算方案，同时也有效地激励创业企业家去追求企业增长的最大化。

（三）其他策略

除了上述投资者优先保护条款及股份调整措施外，投资家们通常还使用以下风险控制策略。

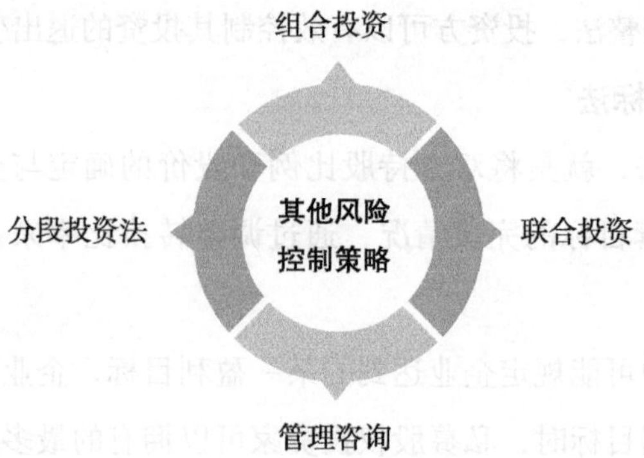

1. **分段投资法**

私募股权融资的企业有相当大的失败比例，因此私募股权投资家们每次投入的资金量只是足够让被投资的企业发展到下一阶段所需要的资金，他们严格控制预算，保留放弃解散企业的权力来减少损失。

2. **组合投资**

投资多个企业、多个行业来分散风险，避免因行业周期性和市场不可预测带来的风险。

3. **联合投资**

联合投资是指多个私募股权投资家一起分享信息、评估考察企业，提高决策水准，充分利用几个私募股权投资基金的人力资源、网络资源和业务专长，以减小每家投资公司的资金压力，少量投资，投资多个企业，通过组合投资来减小风险。

"基金的基金"就是一种典型的联合投资形式，它是指在基金中募集基金，通过联合投资来实现风险最小化的投资组织创新形式。

4. **管理咨询**

私募股权基金的投资经理们通过参与组建董事会、监控企业经营业绩、策划营销方案、追加融资和培育管理层来有效地监控企业经营，消除信息不对称和代理人风险，为企业提供增值服务，支持推动企业的顺利发展，确保投资收益的实现。

毫无疑问，在私募股权投资中最为关键的风险控制方法还是遴选出真正具有投资价值的项目。只有在具有投资价值的项目上投资，才能实现资本的逐利目的，避免项目失败的风险；也只有在此基础上，上述风险控制措施才能发挥其预期的、可能的风险控制功能。

第六章

私募基金的组织形式

私募股权投资基金组织形式是指基金所采用的法律确认的组织存在形式，是基金作为整体与投资人等主体发生法律关系的法律资格，是确定基金管理人与投资人关系以及基金内部运行机制的法律基础。现有的私募股权投资基金按组织形式划分主要有三种，即公司制、信托制、有限合伙制。

一、私募基金的三种组织形式

根据相关资料，截至2014年底，我国已在各地发改委备案的股权投资企业、创业投资企业共有数千家。已备案的股权投资企业的主流形式是有限合伙企业，但在已备案的产业基金中，组织形式大部分为有限责任公司，少数为股份有限公司及有限合伙企业。

以下根据我国现行的相关法律法规，对公司制、有限合伙制和信托制三种私募股权投资基金组织形式进行简要介绍。

（一）公司制基金

公司制私募股权投资基金是指用公司的形式来组织和运作而形成的私募基金。管理者以基金公司名义对外投资，承担风险和责任。投资者购买一定的基金份额成为公司股东，有权出席股东大会，选举董事，参与公司重大决策。

1. 公司制基金的结构

公司制基金依据《公司法》成立，投资者作为股东参与投资，依法享有股东权利，并以其出资额为限对基金债务承担有限责任，通常由董事会选择并监督基金管理公司，由基金管理公司负责基金的投资管理。

公司制私募基金有完整的公司架构，运作比较正式和规范。目前公司制私募基金（如“某某投资公司”）目前能够比较方便地成立。半开放式私募基金也能够以某种变通的方式比较方便地进行运作，不必接受严格的审批和监管，投资策略也就可以更加灵活。

- 设立某“投资公司”，该“投资公司”的业务范围包括有价证券投资
- “投资公司”的股东数目不要多，出资额都要比较大，既保证私募性质，又要有较大的资金规模
- “投资公司”的资金交由资金管理人管理，按国际惯例，管理人收取资金管理费与效益激励费，并打入“投资公司”的运营成本
- “投资公司”的注册资本每年在某个特定的时点重新登记一次，进行名义上的增资扩股或减资缩股，如有需要，出资人每年可在某一特定的时点将其出资赎回一次，在其他时间投资者之间可以进行股权协议转让或上柜交易。该“投资公司”实质上就是一种随时扩募，但每年只赎回一次的公司式私募基金

2. 公司制基金的特点

公司制基金的特点主要表现在以下三个方面。

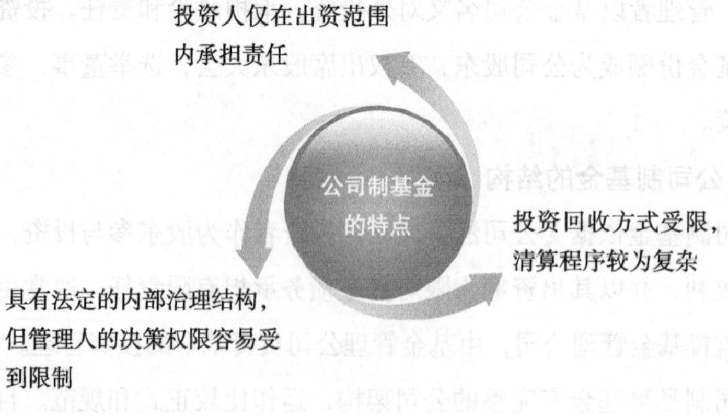
投资人仅在出资范围内承担责任
公司制基金的特点
投资回收方式受限，清算程序较为复杂
具有法定的内部治理结构，但管理人的决策权限容易受到限制

（1）投资人仅在出资范围内承担责任

根据《公司法》第3条的规定，公司是企业法人，有独立的法人财产，享有法人财产权，公司以其全部财产对公司的债务承担责任；有限责任公司的股东以其认缴的出资额为限对公司承担责任。对于投资者而言，公司制基金是一个防范法律风险与责任的有效组织形式。

（2）具有法定的内部治理结构，但管理人的决策权限容易受到限制

根据《公司法》的规定，通常情况下公司的组织机构包括股东会、董事会、监事会和管理层，股东会是公司的最高权力机构，董事会是公司的执行机构，监事会是公司的监督机构，管理层主要负责公司的日常经营活动，执行董事会的决策，各机构应依照《公司法》的规定行使各自的职权。由于公司制基金具有法定的内部治理结构，对投资者保障比较完善，因而易于被各类机构投资者接受。

对于管理公司而言，由于公司制基金的投资者可以通过股东会、董事会行使法定的职权，参与特定事项的投票表决，使得大股东可能干涉经营决策，导致决策效率低下。公司制基金虽然可以通过分级授权部分解决问题，例如，将部分投资决策授权管理层或外部管理公司行使，但始终存在股东会和董事会对公司的控制问题。在实务中，公司制基金的管理人的投资决策权限也通常受到大股东的制约。

（3）投资回收方式受限，清算程序较为复杂

公司制基金的股东如果需要退出，可以通过减资或者股权转让的方式退出，但公司减资需要根据法定程序进行，需要花费较长时间。相比之下，通过转让其所持有的公司股权给其他股东或者第三方更为可行。

此外，公司股东不得抽逃出资，否则将面临补缴责任甚至行政、刑事责任。根据《公司法》第201条规定，公司的发起人、股东在公司成立后，抽逃其出资的，由公司登记机关责令改正，处以所抽逃出资金额5%以上

15% 以下的罚款。

公司制基金的清算需要遵守《公司法》的相关规定，根据特定的解散事由成立清算组，制定清算方案并通知债权人、刊登公告，经债权人申报债权等流程后，对剩余财产按照法定的程序进行分配。公司清算结束后，清算组应当制作清算报告，申请注销登记，并公告公司终止。

（二）有限合伙制基金

有限合伙制私募股权投资基金是根据合伙协议而设立的基金。有限合伙制基金的合伙人包括有限合伙人与普通合伙人两种。

普通合伙人一般也称管理人，以合伙企业的名义对基金进行运作，其以部分资金和技能入伙，负责日常的经营管理，对基金承担无限责任。有限合伙人一般也称投资人，投入资金，以其持有的基金份额为限承担有限责任，其收入主要来源于基金的利润分红，一般不参与基金的运作。

1. 有限合伙制基金的结构

有限合伙制基金依据《合伙企业法》成立，由普通合伙人和有限合伙人组成。普通合伙人对合伙企业承担无限连带责任，行使基金的投资决策权，可以由专业的基金管理人担任；有限合伙人以其认缴的出资额为限对合伙企业承担责任，但不参与基金的日常经营管理，不具有公司制基金的股东所享有的一些决策权。

2. 有限合伙制基金的特点

有限合伙制基金的特点主要表现在以下几点。

（1）实行承诺认缴资本制有利于提高资金的使用效率，但可能产生有限合伙人违约的问题

根据《合伙企业法》第 2 条规定，有限合伙人以其认缴的出资额为限对合伙企业债务承担责任，又根据《合伙企业法》第 17 条规定，合伙人

应当按照合伙协议约定的出资方式、数额和缴付期限，履行出资义务。

可见，对于有限合伙制基金，合伙人可以承诺制认缴资本，并可以分期缴付，具体出资期限根据合伙协议的约定及项目特点确定。对于有限合伙人而言，合伙制基金可以依照投资项目计划分批注资，从而大大提高了资金的利用率。但由于合伙制基金在很大程度上是靠事前协议约束，承诺认缴资本制虽然便捷，但在后期存在有限合伙人违约不兑现承诺出资，资金无法到位的风险。

（2）普通合伙人与有限合伙人关系清晰，管理运作高效

根据《合伙企业法》第 67 条规定，有限合伙企业由普通合伙人执行合伙事务。又根据《合伙企业法》第 68 条规定，有限合伙人不执行合伙事务，不得对外代表有限合伙企业。如果有限合伙人突破该“避风港”条款，将被视为有限合伙人参与了实质性管理，从而有可能对合伙债务承担无限连带责任。

在有限合伙制基金中，普通合伙人担任管理人，负责管理运作基金。有限合伙人是主要投资人，但不参与管理。有限合伙人和普通合伙人关系清晰、基金管理运作效率较高，从投资决策方面看，有限合伙制基金决策机制及时高效，能充分发挥普通合伙人的专业优势。

（3）有效的激励机制

根据《合伙企业法》第 67 条规定，有限合伙企业由普通合伙人执行合伙事务。执行事务合伙人可以要求在合伙协议中确定执行事务的报酬及报酬提取方式。对于有限合伙制基金，一般在合伙协议中，会赋予普通合伙人较多的管理权限以及较丰厚的利润分配方案。其报酬一般可分为两个部分。

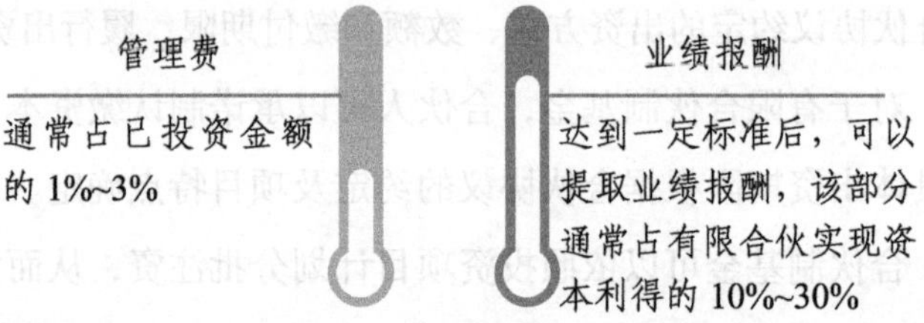

管理费
通常占已投资金额的1%~3%
业绩报酬
达到一定标准后，可以提取业绩报酬，该部分通常占有限合伙实现资本利得的10%~30%

从激励机制上看，与公司制基金相比，公司制基金模式下管理层与股东利益可能存在背离，而普通合伙人每年收取的固定管理费保证了基金成本的公开透明，普通合伙人提取业绩报酬的设定能发挥更好的激励作用，使普通合伙人和有限合伙人的利益更为紧密结合。

（4）投资回收便捷

在投资回收方面，有限合伙的分配顺序优先保障有限合伙人的投资本金及回报，及时分配以及到期清算的原则也能满足有限合伙人及时获得投资本金和回报的要求。

有限合伙制无论是追加资本还是减少资本（可以退伙，也可以向其他投资者或第三方转让），操作性相对比较容易，即合伙人根据合伙协议的约定可以直接提取权益账户的资金、退伙。对于有限合伙人而言，减资方面的程序也相对简单灵活。

（5）普通合伙人本身是有限责任公司时，普通合伙人的股东可以实现风险隔离

普通合伙人对合伙企业债务的责任，不限于其认缴的出资额，而是以其合法所有的全部财产，对合伙企业的债务承担责任。但当普通合伙人本身是有限责任公司时，普通合伙人的股东仅以其认缴的出资额为限，对普通合伙人的债务承担责任。

（三）信托制基金

信托制私募股权投资基金是通过当事人之间以专门的信托契约明确各自的权利与义务而形成的私募基金。由基金管理人以自己的名义对其进行经营管理，投资者仅作为受益人分享利益，无权参与基金运作的重大决策。

1. 信托制基金的结构

信托是一种以信任为基础的法律关系。信托委托人将信托财产转移给受托人，受托人作为财产所有人管理或处分信托财产，但这种管理或处分所产生的利益归属于受益人。信托制基金正是采取这种特殊的模式来对基金进行管理、处分、分配收益。信托投资人是信托制基金的委托人，受托管理基金资产的专业机构为基金的受托人，即信托公司或其他有相关资质的金融机构。

在信托关系中，受托人即信托公司是核心的法律主体，信托公司与委托人、咨询顾问、托管银行以及被投资企业等其他各方签署合同，共同构成信托的合同框架。

在管理报酬上，信托产品的受托人与有限合伙制的普通合伙人的报酬设计类似，都有一定的激励机制。受托人作为投资管理人一般可收取固定的管理费。通常在信托合同中区分不同的优先级、普通级投资者的投资回报方式，这种设计同样使受托人与委托人的利益紧密挂钩，提高了受托人管理信托资金的积极性。从激励机制的角度看，对于普通合伙人而言，信托制和有限合伙制类似，都优于公司制。

2. 信托制基金的特点

信托制基金具有以下特点。

受托人原则上不承担
无限连带责任
资金的稳定性及募
集的相对便利
投资回收方式
受限
投资者不参与
投资管理
信托制基金
IPO 的退出存
在潜在障碍

（1）投资者不参与投资管理

在信托制基金中，受托人是投资管理人。根据《信托公司私人股权投资信托业务操作指引》（以下简称《操作指引》）第 21 条规定，私人股权投资信托计划设立后，信托公司应亲自处理信托事务，独立自主进行投资决策和风险控制。信托文件事先有约定的，信托公司可以聘请第三方提供投资顾问服务，但投资顾问不得代为实施投资决策。信托公司应对投资顾问的管理团队基本情况和过往业绩等开展尽职调查，并在信托文件中载明。

上述规定赋予信托计划的受托人自主的投资管理权限，虽然信托公司可以聘请第三方作为投资顾问，但该投资顾问不得代为实施投资管理。

信托制基金设立受益人大会制度，受益人大会由全体信托基金的受益人组成。但根据《信托公司集合资金信托计划管理办法》第 42 条对受益人大会审议事项的规定，受益人大会并不能就涉及项目筛选和投资决策的问题行使权利，仅就变更全体受益人的事件有权行使表决权，对于信托基金的日常运作是由受托人确定的。

（2）资金的稳定性及募集的相对便利

信托制基金通常是封闭运作的，要求资金在信托计划成立时一次性到位，与公司制基金、有限合伙制基金相比要求更加严格，因而在实务中通常根据项目投资进度的需要，采用分期募集的方式。

信托计划通常规定委托人在信托计划封闭期内不得赎回信托份额，只可以有条件转让信托份额，因此信托资金规模相对稳定。而且信托制基金通过专业信托公司推介和募集，其募集渠道比较成熟，且由于投资者对信托公司相对信任，信托公司募集资金的能力较强。

（3）受托人原则上不承担无限连带责任

有限合伙制基金中的普通合伙人对合伙企业的债务承担的无限连带责任不以其是否有过错为前提，但根据《信托法》第37条规定，受托人违背管理职责或者处理信托事务不当对第三人所负债务或者自己所受到的损失，以其固有财产承担。也就是说，在信托制基金中只有在受托人违背受托义务或法律法规的情况下才对资金亏损承担责任，而对于一般情况下基金投资的亏损无需承担责任。

（4）投资回收方式受限

信托制基金要求委托人的资金根据募集文件的规定一次到位，在基金清算之前没有资本金返还的问题，因此委托人在封闭期内不能随意赎回。

通常信托计划也约定封闭期内可以通过转让的方式退出信托计划，甚至约定在信托计划设立满一定期限后，委托人可委托受托人进行转让，但上述转让一般要收取一定费用，与有限合伙的退伙相比流动性较差。

（5）IPO的退出存在潜在障碍

根据证监会发审委对部分信托制基金所投资企业的反馈，证监会在发行审核时的态度是“以委托、信托方式持股的，为做到股权明晰，原则上不予允许，需要直接量化到实际持有人，量化后不能出现股东人数超过200人”。因此信托制基金所投资的企业在IPO审核中存在潜在的障碍。

在实务中，部分企业在引入财务投资者时，对股东的资格也可能有特定要求，信托制基金在进行投资时也可能存在一定的障碍。

二、私募基金三种组织形式的比较

私募股权投资基金采取怎样的组织形式，要以法律的安排为前提。原则上只要不违反社会公共利益及道德和秩序就都应得到法律的尊重，受到法律的保护。

此外，私募股权投资基金高风险与高收益并存的特征直接影响了私募股权基金组织形式的选择，采用何种组织形式组建私募基金是当事人之间基于投资的高风险高收益做出的利益的均衡与协调，同时由于投资人是资金的主要提供者和风险的主要承担者，基金组织形式的选择更多是投资人收益、成本与风险因素权衡的结果。

从比较法的角度观察，欧盟国家和亚洲国家多采用治理结构完整、便于监管的公司制，美国则采用成本低、效率高的有限合伙制。由于不同国家的法律制度和商业环境影响着本国的经济模式，所以为了深入分析中国私募股权投资基金的组织形式，可以从以下五个影响中国私募股权投资基金组织形式选择的主要因素进行比较探讨，这五个主要因素为税收政策、法律基础、投资收益、投资成本和投资风险。

（一）税收政策

公司制基金、有限合伙制基金、信托制基金所适用的税收政策各有不同，下面将分别对其进行介绍。

1. 公司制基金的税收政策

公司制基金具有独立的法人地位，是纳税主体，故需要就所得利润缴纳企业所得税。而有限合伙制和信托制基金不是所得税的纳税主体，所得税由合伙人或委托人缴纳。

（1）在基金层面，基金对外投资所得主要包括从被投资企业分得的股息、红利等权益性投资收益和基金退出时通过股权转让抵减投资成本后的所得。根据《企业所得税法》第 26 条和《企业所得税法实施条例》第 83 条的规定，居民企业直接投资于其他居民企业取得的股息、红利等权益性投资收益为免税收入。因此公司制基金从被投资企业分得的股息、红利等权益性投资收益无需缴纳企业所得税。基金退出时通过股权转让抵减投资成本后所得，一般应按照基准税率即 25% 缴纳企业所得税。

（2）在基金投资者层面，因投资者性质不同纳税方式也不同。如果投资者是企业，从基金分得的股息、红利等权益性投资收益属于居民企业之间的直接投资，免交所得税。企业投资者通过转让其所持有的公司制基金的股权而退出基金的，转让股权抵扣投资成本后所得应缴纳 25% 的企业所得税。

公司制私募股权投资基金在税收方面存在双重税收的情况。所谓双重税收，是指一方面公司制私募股权投资基金作为法人主体，需要依法缴纳企业所得税；另一方面投资人作为公司股东在分红后还要缴纳个人所得税。双重税收对私募股权投资基金来说是一个较重的负担。

应对双重税收的方法如下。

1 将私募基金注册于避税的天堂，如开曼群岛、百慕大群岛等地

2 将公司式私募基金注册为高科技企业（可享受诸多优惠），并注册于税收比较优惠的地方

3 借壳，即在基金的设立运作中联合或收购一家可以享受税收优惠的企业（最好是非上市公司），并把它作为载体

2. 有限合伙制基金的税收政策

有限合伙制基金的税收政策可以从基金层面和投资者层面两个角度来理解。

（1）在基金层面，根据财税〔2008〕159号文件，合伙企业采取“先分后税”的原则，以每一个合伙人为纳税义务人，合伙企业合伙人是自然人的，缴纳个人所得税；合伙企业是法人和其他组织的，缴纳企业所得税。因此在基金层面，有限合伙制基金无需缴纳企业所得税。

（2）在投资者层面，投资者从合伙制基金分得的收入包括两类：合伙制基金从被投资企业分得的股息、红利等投资收益和基金退出时合伙制基金通过股权转让抵减投资成本后的所得。

若合伙制基金的投资者是企业，根据财税〔2008〕159号文件确定的原则，企业投资者取得的基金退出时通过股权转让抵减投资成本后的所得需要按照25%的税率缴纳企业所得税。

但是，企业投资者通过合伙制基金投资于被投资企业，是否属于《企业所得税法实施条例》规定的“居民企业之间的直接投资”，其取得的股息、红利等权益性收益是否能够免税？目前存在理解和实务操作上的不一致之处。根据避免重复征税和合伙企业所得性质上传的原则，企业投资者无需再缴纳企业所得税，应当是比较合适的。从实务来看，部分地区已经明确该类收入企业投资者不需缴纳企业所得税，如北京、深圳地区。

3. 信托制基金的税收政策

由于对私募基金尚缺乏统一的税收政策，而且信托方面对此也没有明确的规定，因此按照通常理解，投资人为企业的，则按照《企业所得税法》缴纳所得税，通常按照25%的税率执行。值得注意的是，对于私募基金的税收问题，目前国内尚无统一、明确的规范。

但有些地方政府（例如上海、天津、北京、深圳等）为吸引私募基金的投资，已经相继出台一定的税收优惠政策，因此我们可以看到各地政府税收优惠存在一定差异，在具体操作时还应向当地政府部门落实。另外需要明确的是，中国目前的税收体制中，不管是中央税收、地方税收还是中央地方共享税收，税收政策的立法权限都在中央，从理论上讲，地方政府没有权力给予私募基金国家层面税收法律法规明确规定以外的税收优惠政策。

（二）法律基础

公司制私募股权投资基金的法律基础主要是《公司法》《证券法》中关于股份公司与上市公司的相关法律法规，以及《创业投资企业管理暂行办法》等有关规定。

公司制私募股权投资基金是严格依据公司法而设立的、以公司形式设立并运作的私募股权基金。

信托制私募股权投资基金的法律基础主要有《信托法》《信托公司管理法》《信托公司集合资金信托计划管理办法》等。虽然涉及信托的法律法规比较多，但是直接规定信托制私募股权投资基金的法律法规并不多，有待于进一步实践和细化。

有限合伙制私募股权投资基金的法律基础主要是《合伙企业法》《合

伙企业法登记管理办法》《国务院关于个人独资企业和合伙企业征收所得税问题的通知》等。可以说由于中国有限合伙的立法不太健全，直接限制了有限合伙制私募股权投资基金的发展，因此需要根据股权投资基金的实践不断总结创新，以不断完善中国的有限合伙立法。

从中国现行法律法规来看，《公司法》等系列法规比较齐全和完备，对于公司制私募股权投资基金的保护更有利，而合伙型私募股权投资基金和信托制私募股权投资基金的法律基础相对薄弱，大量的法律法规及配套措施尚未建立和健全，还存在许多空白和漏洞，因此存在一些不确定因素。

（三）投资收益

收益的实现在某种程度上可以说是激励与约束效率的博弈，因此激励与约束效率就成为影响投资收益并进而影响组织形式的重要因素。

从激励效率上来说，公司制私募股权投资基金管理人可参与基金利润分成或分得公司股份，但是分成比例一般没有固定模式，而且要由董事会提出并经股东大会通过才可实施。

有限合伙制私募股权投资基金管理人可直接参与基金利润分成，其分成比例可高达20%。信托制私募股权投资基金管理人一般不参与基金的利润分成，只收取基金管理费用。

因此从激励机制的效率看，公司制与有限合伙制私募股权投资基金将管理人的收益与资金运用效率挂钩，能给予基金管理人更大的激励，效率更高；信托制基金效率相对较低。

公司制、信托制、有限合伙制三种私募基金不同组织形式的激励机制对比可详见下表。

三种形式的私募基金激励机制对比

激励机制		公司制	信托制	有限合伙制
责任与控制权	投资人	以股金为有限承担有限责任。作为股东甄选管理人并进行监督，但对管理人的管理独立性和稳定性构成威胁	以其投入的资金为限承担有限责任	有限合伙人，仅以出资额为限承担有限责任。“安全港”规则。通过约定保留一定的权利对管理人进行监督
	管理人	如不持有公司股份，除重大失误外对公司不承担责任。负责基金的管理和运行	作为基金资产的所有人，负责基金的管理和运行。由基金保管人对其进行制约	普通合伙人对合伙企业负有无限责任，可以灵活自主进行经营活动，经营权不受干涉
报酬	投资人	投资利润	投资利润	有限合伙人以约 99% 的投入取得近 80% 的利润
	管理人	工资＋绩效。可以参与投资利润分成	原则上仅收取固定管理费，也不排除按照约定获取一定的比例收益提成	普通合伙人以约 1% 的投入，取得包括管理费和附带利润，一般为 2%~20%

从约束效率上来说，公司制私募股权投资基金的投资人作为股东，有权参与基金的经营管理，干预管理人的投资行为，约束效率较高，但过多的约束又会限制管理人的投资行为。有限合伙制私募股权投资基金的投资人作为有限合伙人一般不参与经营管理活动，普通合伙人要对基金债务承担无限责任。信托制私募股权投资基金的投资人一般无权干预管理人的投资行为。

因此，从激励效率考虑，有限合伙制私募股权投资基金比公司制和信托制更高；从约束的效率看，有限合伙制私募股权投资基金也更高。

（四）投资成本

投资成本作为投资人和管理人共同的考量因素也影响着组织形式的选

择。投资成本对组织形式的影响主要包括两个方面。

1. **基金设立的条件、程序和法律规制的完善程度**

无论采取何种组织形式设立私募基金，通常都要具备法定的条件。这种条件是严格还是宽松、设立程序简便还是复杂、设立费用是高还是低，直接影响着私募股权投资基金的组织形式。

相较有限合伙制私募股权投资基金，公司制私募股权投资基金设立要求较高、程序复杂，但有限合伙制和公司制的规制较信托制私募股权基金更完善。鉴于信托制度在中国发展得尚不成熟的状况和曲折经历，信托制私募股权投资基金严格受到银监会等部门的监管，需要履行有关审批或备案手续。

2. **税收负担**

设立基金的目的就是要盈利，基金和投资者税负的轻重对获利的高低有重大影响。

公司制私募股权投资基金存在双重征税的问题，当公司取得投资收益时必须缴纳企业所得税，基金投资人从基金中分得的利润要再缴纳所得税，因此税负成本较高。有限合伙制私募股权投资基金则避免了双重征税，基金本身不是纳税主体，只有投资者对从基金取得的收益才纳所得税。中国的信托面临重复征税、税负不公、纳税义务人及税目税率不明确等问题。

从理论上讲公司制存在双重征税的问题，但由于中国公司制私募股权投资基金可以获得税收优惠政策，实践中公司制私募股权投资基金的税负未必高于信托和有限合伙制私募股权投资基金。

（五）投资风险

投资者追求收益，但同时也会考虑投资失败的风险。有限合伙制私募股权投资基金的管理人要对合伙企业的债务承担无限责任，这样管理人的风险与基金的命运紧密相连，管理人出于自身的风险考虑也会努力经营以降低投资失败的风险。

而公司制私募股权投资基金的管理人作为公司的股东，以其出资额为限对公司的债务承担有限责任，避免投资失败风险的积极性比有限合伙制私募股权投资基金要低，信托制私募股权投资基金的管理人一般不参与基金的利润分成，只收取基金管理费用，其降低投资失败风险的诉求会更低一些。

综合以上分析，上述三种私募股权投资基金的组织形式均各有利弊，但相对而言，信托制私募股权投资基金的局限性较大，公司制比较适应中国当前的法制环境，可以获得更大的政策扶持，其治理结构更加科学与完善，监管更加得当，因此公司制私募股权投资基金可以作为现阶段的最优选择。

另外，有限合伙制私募股权投资基金则具有更长远的制度优势。考虑到目前世界其他国家的私募股权投资基金的实践经验，结合市场的长远发展来看，有限合伙制私募股权投资基金无论是在税制上还是在设立和资金募集上，都有着公司制和信托制无法比拟的优势。

第七章

国内外知名私募股权投资基金

私募股权投资基金管理公司作为专业投资管理机构，是实现“集合投资，专家理财”功能的核心。优秀的私募股权投资公司实力雄厚，往往能让他们所投资的公司变得出类拔萃，甚至可以帮助公司提升到改变行业游戏规则的高度。业内通常将私募股权基金划分为海外私募股权基金和本土私募股权基金两类。

一、国外知名私募股权投资基金

国外私募股权投资机构主要是指创始人是外国人，注册地址在国外的机构。但是，国外私募股权机构并不意味着他们不会投资中国。恰恰相反，中国经济的持续高速发展，使中国成为了国外私募股权基金最为关注的地区，而随着资本全球化进程的加快，越来越多的国外知名私募股权投资机构均已在中国布局并展开业务。

（一）IDG 资本

IDG 资本是专注于中国市场的专业投资基金，IDG 资本获得了国际数据集团（IDG）和 ACCEL Partners 的鼎力支持，拥有广泛的海外市场资源及强大的网络支持。目前管理的基金总规模为 38 亿美元，在中国的香港、北京、上海、广州、深圳和美国的硅谷、波士顿等地设有办事处。

自 1992 年开始，作为最早进入中国市场的国际投资机构之一，IDG 资本已投资包括百度、搜狐、腾讯、搜房、携程、汉庭、如家、金蝶、物美、康辉、九安等 200 家优秀企业，并已有超过 60 家企业在美国、中国香港和内地 A 股证券市场上市，或通过兼并与收购成功退出。

IDG 资本的投资管理团队合作稳定、专业全面，具有互补的国内外教育及行业背景，丰富的企业管理、投资运作和资本市场经验，七位资深合伙人的合作时间超过 10 年以上。

IDG资本重点关注消费品、连锁服务、互联网及无线应用、新媒体、教育、医疗健康、新能源、先进制造等领域的拥有一流品牌的领先企业，覆盖初创期、成长期、成熟期、Pre-IPO各个阶段，投资规模从上百万美元到上千万美元不等。

目前，IDG主要投资以下行业。

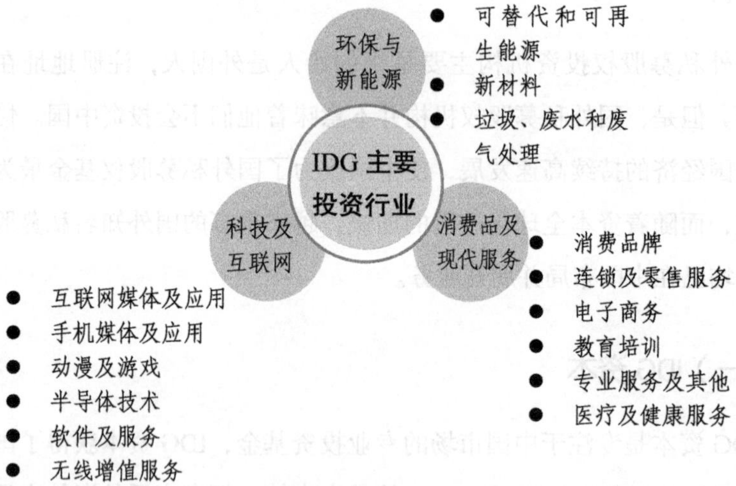

近两年有不少IDG资本所投资的企业案例，详见下表。

IDG资本所投资的企业案例

被投资方	所属行业	投资金额	投资时间
农保生物	畜牧业	非公开	2015-11-05
搜房网	资讯门户	4.7亿美元	2015-09-18
上药云健康	其他	非公开	2015-08-18
空间找装修	电子商务	100万美元	2015-06-05
河狸家	其他	非公开	2015-04-23
猿题库	网络教育	6000万美元	2015-03-30

（续表）

被投资方	所属行业	投资金额	投资时间
酷家乐	IT 服务	1000 万美元	2015-02-03
Car+	硬件	750 万元人民币	2015-01-24
找钢网	电子商务	1 亿美元	2015-01-21
萌萌搭	手机 SNS	100 万元人民币	2015-01-18
贝斯特	教育与培训	非公开	2015-01-07
农保生物	畜牧业	非公开	2015-01
木浪科技	网络服务	1000 万元人民币	2014-11-10
好色派沙拉	网络服务	非公开	2014-09-01
酷家乐	IT 服务	1000 万美元	2014-08-29
同盾科技	金融 IT 服务	1000 万美元	2014-08-13
我买网	B2C	1 亿美元	2014-08-01
站酷	资讯门户	320 万美元	2014-07-30
河狸家	其他	3000 万元人民币	2014-07-22
猿题库	网络教育	1000 万美元	2014-07-22
纷享科技	软件	1000 万美元	2014-07-02
寺库网	C2C	1 亿美元	2014-07
米折网	电子商务	3000 万元美元	2014-06-03
易结网	电子商务	100 万美元	2014-06
物流小秘 / 易达小鸟	其他	100 万元人民币	2014-06
App Annie	其他	1700 万美元	2014-05-29
爱考拉	其他	1000 万元人民币	2014-05-26
Roseonly	B2C	1000 万美元	2014-05-06
猎上网	网上招聘	1000 万美元	2014-04-08
云测网络科技	其他	2300 万美元	2014-04
Enjoy	其他	700 万美元	2014-03-31
好巧网	其他	100 万元人民币	2014-03-17
侠特科技	电子商务	100 万美元	2014-03

（续表）

被投资方	所属行业	投资金额	投资时间
挖财网	理财计算 APP	非公开	2014-02-28
蘑菇公寓	房地产中介服务	1000 万元人民币	2014-02-01

近几年 IDG 资本的募资案例详见下表。

IDG 资本的募资案例

基金名称	管理机构	资本类型	募集金额	成立时间
IDG90 后创业者基金	IDG 资本	外资	非公开	2014-08-14
IDG 中国创投基金四期	IDG 资本	外资	5.9 亿美元	2014-05-30
和谐成长基金	IDG 资本	合资	36 亿元人民币	2010-08-26

（二）红杉资本

红杉资本（Sequoia Capital）创始于 1972 年，共有 18 支基金，拥有超过 40 亿美元总管理资本。总共投资的公司超过 500 家，其中 200 多家成功上市，100 多个通过兼并收购成功退出。

红杉资本作为全球最大的风险投资商，曾投资了苹果电脑、思科、甲骨文、雅虎、谷歌等一批著名科技公司，一度造就长达 30 余年美国多家著名企业围绕红杉资本而建立的红杉现象。目前其投资的公司总市值超过纳斯达克市场总价值的 10%。

美国高科技企业多集中在加州，该公司曾宣称投资从不超出硅谷 40 英里半径。2005 年 9 月，德丰杰全球基金原董事张帆和携程网原总裁兼 CFO 沈南鹏与红杉资本一起始创了红杉资本中国基金。

2015 年红杉资本投资的企业案例详见下表。

2015 年红杉资本投资的企业案例

被投资方	所属行业	投资金额	投资时间
日志易	网络服务	6000 万元人民币	2015-12-03
小站教育	网络教育	8400 万美元	2015-11-06
英雄互娱	网络游戏	1000 万元人民币	2015-06-01
途牛旅游网	网络旅游	1.3 亿美元	2015-05-10
北森测评	咨询	非公开	2015-04-20
葫芦机器人科技	电子元件及组件制造	600 万美元	2015-04-10
拍拍贷	P2P	1 亿美元	2015-04-03
销售易	无线互联网服务	1500 万美元	2015-03-12
链农互动	手机购物	800 万美元	2015-03-12
医云科技	手机 SNS	100 万美元	2015-02-28
找钢网	电子商务	1 亿美元	2015-01-21

（三）黑石集团

黑石集团是美国另类资产管理公司，专注于私募股权投资、不动产投资等。黑石是以杠杆收购闻名的几家最大的投资集团之一。自成立以来，它完成了对多家著名公司的投资，包括办公室物业投资信托公司、希尔顿酒店集团等。黑石集团由彼得•彼得森和斯蒂芬•施瓦茨曼于 1985 年共同创建，他们两人之前都曾在著名的投资银行雷曼兄弟工作过。经过 20 多年的发展，黑石集团已经成长为全球最大的私募股权公司之一。2007 年，黑石完成了 IPO，总共募集资金 76 亿美元，成为有史以来第一家上市的私募股权公司。

黑石集团总部位于美国纽约，并在亚特兰大、波士顿、芝加哥、达拉斯、洛杉矶、旧金山、伦敦、巴黎、孟买、香港、北京、上海和东京等地设有办事处。

黑石集团主要经营以下五类业务。

1. 私募股权业务

黑石集团的私募股权业务始于1987年，目前拥有120名投资经理，在纽约、伦敦、孟买、香港、新加坡、北京、上海都设有办公地点。黑石管理了五支普通的私募股权基金，以及一支专注于通信行业的特别基金。2011年，黑石基本完成了第六支全球基金的募集，并已经开始投资活动。

此外，投向清洁技术的基金（于2011年底募集了10亿美元）和投向中国市场的人民币基金也开始寻求投资机会。

2. 不动产业务

不动产业务始于1994年，目前拥有110名投资经理，在纽约、芝加哥、洛杉矶、伦敦、巴黎、孟买、东京、香港、新加坡和首尔设有办公地点。

黑石旗下有几支不同类型的不动产基金，遍布全球并且横跨不同物业种类。黑石管理了六支不动产基金，包括三支专注于欧洲市场的不动产基金以及几支不动产债基。2012年，黑石还在募集及投资旗下第七支不动产基金。

黑石的不动产基金投资于住宅、城市办公楼、商业中心、仓储中心以及不动产公司。在该领域黑石的投资风格类似于私募股权投资领域，都是基于全球视野，专注于价值创造等。2011 年底，黑石在不动产领域管理的资产为 429 亿美元，占全部管理资产的 26%。

3. 对冲基金业务

对冲基金业务始于 1990 年，在 2011 年 1 月从原有的可售另类资产管理中分离出，拥有 130 名投资经理，在纽约、伦敦、香港和悉尼设有办公地点。

该业务旨在通过混合及定制的投资策略实现投资者资产的保值增值，并获得经风险调整的回报。该业务开展的关键准则为分散投资、风险管理、谨慎尽职和关注下行风险。2011 年底，对冲基金业务总规模为 405 亿美元，占全部管理资产的 24%。

4. 信贷业务

在该领域内，黑石拥有 92 名投资经理，在纽约、伦敦、休斯敦设有办公地点。2008 年 3 月，黑石收购了 GSO 资本合伙公司。2011 年底，GSO 管理的资产规模达到 370 亿美元，占总资产规模的 22%，其中投向于低于投资级别公司的有担保优先债权的有 161 亿美元。

黑石管理的信贷导向基金包括高级信贷基金、破产债券基金、夹层基金和在金融市场投资的普通杠杆基金等，投资工具包括贷款、高级债券、次级债券、优先股和普通股等。

5. 金融咨询业务

金融咨询业务始于 2005 年，拥有 255 名投资经理，在纽约、亚特兰大、芝加哥、达拉斯、波士顿、洛杉矶、旧金山、门洛帕克、伦敦、巴黎、香港、北京、东京等城市设有办公地点，包括金融及战略咨询业务、重组及重构咨询业务。

（四）凯雷投资

美国凯雷投资集团成立于1987年，公司总部设在华盛顿，有“总统俱乐部”之称，拥有深厚的政治资源，至2010年9月30日止，管理资本超过977亿美元，创造了23年年累计平均回报率超过33%的纪录，是全球管理私募股权投资基金规模最大的基金之一。

其通过旗下76支基金投资于三大投资领域——私募股权、房地产及信贷另类资产。凯雷集团对所有潜在投资机会都持开放态度，并专注于已经拥有投资经验的领域，主要包括航天、汽车与运输、消费与零售、能源与电力、金融服务、保健、工业、房地产、科技与商务服务、电信与传媒。

凯雷投资集团在全球管理了超过900亿美元的资金。截至目前，凯雷已在中国投资了10多个行业近50个项目，总投资额超过25亿美元，主要投资项目包括太平洋保险、安信地板、分众传媒、携程旅行网等。

自成立以来凯雷已参与超过1000项投资案，合计投资达647亿美元。凯雷旗下投资的公司总共创造营业额840亿美元，其在世界各地雇员超过40万人。凯雷集团的专业投资团队囊括166名工商管理硕士、28名法学博士及6名哲学或医学博士，他们均来自全球最负盛名的学府。

近几年凯雷投资的企业案例详见下表。

凯雷投资的企业案例

被投资方	所属行业	投资金额	投资时间
搜房网	资讯门户	4.7亿美元	2015-09-18
安能物流	配送及仓储	1.2亿美元	2015-06-28
美年大健康	医疗服务	3亿元人民币	2013-09-03
铂涛酒店集团	酒店	非公开	2013-07-17
美年大健康	医疗服务	非公开	2012-08-15
雅高矿业	非金属矿采选	非公开	2012-07-26

（五）华平投资

美国华平投资集团是一家专注于投资成长型企业的全球领先的私募股权投资公司。目前华平旗下管理超过390亿美元的资产，持有的企业超过125家，这些公司处于初创、成长、成熟期等不同的发展阶段，涵盖各行各业，遍布世界各地。自1966年成立以来，华平已募集了13支私募股权基金，在35个国家超过720家企业中累计投资达500亿美元以上。

华平总部位于纽约，在阿姆斯特丹、北京、法兰克福、香港、伦敦、卢森堡、孟买、路易港、旧金山、圣保罗和上海等地设有分支机构。

华平一般的投资期限是5年到7年，这种长期投资方式使得公司为被投公司提供了很重要的资源，并在不断变化的经济条件和不稳定的金融市场中提供关键的有利条件。

近几年华平投资的企业案例详见下表。

华平投资的企业案例

被投资方	所属行业	投资金额	投资时间
神州专车	网络服务	非公开	2015-09-17
华融资产	金融服务	7亿美元	2014-09-03
万仕道	其他	7千万美元	2014-04-16
安能物流	配送及仓储	非公开	2014-01-07
神州租车	汽车租赁	2亿美元	2012-07-09

（六）德丰杰

德丰杰风险投资于1985年在美国成立，是一家专注于早期和成长期的风险投资基金。德丰杰及德丰杰全球基金网络分布于全球33个国家和地区，管理着超过60亿美元的基金，在TMT、清洁技术、生物技术和消费等领域共投资超过 600 家企业，其中 117 家实现成功退出。

德丰杰是全球最顶尖的风险投资基金之一，德丰杰依托其独有的全球投资网络，深厚的产业资源，以及具有丰富运营和投资经验的团队，为创业企业家带来广阔的视野和有力的支持。

作为真正的全球投资基金，德丰杰致力于与世界各地杰出的企业家合作。德丰杰于 2000 年进入中国，投资多家企业，其中包括百度、分众传媒、空中网等行业中的领军企业。德丰杰在上海建立了完全本土化的中国团队，致力于和中国企业家密切合作，帮助创业企业成长。

德丰杰在中国重点投资处于成长期的公司，重点关注 TMT、清洁技术和消费服务行业，积极寻求拥有有巨大市场机遇、清晰商业及运营模式和优秀管理团队的高成长企业。

德丰杰龙脉（上海）股权投资管理有限公司是一家在中华人民共和国境内注册成立的风险投资公司。该基金是德丰杰在中国境内的唯一下属基金。德丰杰基金专注于向以中国为中心的高科技公司提供投资。作为一家充满活力的早期投资公司，该基金将与高科技公司密切合作，共谋发展。

作为德丰杰联合基金网络成员之一，德丰杰龙脉中国基金也将充分利用德丰杰在二十多年的风险投资历程中所积累的资源和能力。德丰杰是唯一一家通过联合基金网络进行全球投资的风险投资公司，在全球 30 多个城市设有办事处，并拥有超过 60 亿美元的投资资金。

德丰杰龙脉中国基金总部位于美国硅谷，并在北京和上海设有咨询办事处。

（七）鼎晖投资

鼎晖投资成立于 2002 年，是中国最大的另类资产管理机构之一。鼎晖投资前身是中国国际金融有限公司的直接投资部，由吴尚志、焦震等六位创始人，联合新加坡政府直接投资有限公司、中国投资担保有限公司和苏黎世保险资本集团创立。鼎晖投资发端于私募股权投资业务，私募股权投资业务的蓬勃发展促进了鼎晖投资另类资产管理平台的建立。

经过十年的发展，鼎晖投资已拥有私募股权投资、创业投资、地产投资、夹层投资、证券投资、产业地产、财富管理七大业务板块，目前在香港、新加坡、北京、上海、深圳、雅加达及胡志明设有公司或分支机构，公司拥有100多名专业的投资管理人员。

鼎晖投资陆续投资了150多家企业，其中30多家已经在国内外上市，培育了一批行业领导品牌。鼎晖投资所投企业的雇员人数超过50万人，是中国经济活力的一股重要力量。

近几年鼎晖投资的企业案例详见下表。

鼎晖投资的企业案例

被投资方	所属行业	投资金额	投资时间
京颐科技	医疗服务	9300万元人民币	2014-03-01
某畜牧业公司	畜牧业	非公开	2013-09-24
挖财网	理财计算APP	非公开	2013-09-20
上海项目	房地产	非公开	2011-11
美的集团	家用电器制造	非公开	2011-10-18
康弘药业	中药材及中成药加工业	3亿元人民币	2011-06-24
恒逸石化	化工原料生产	3.4亿元人民币	2011-06-08
伊美尔	医疗服务	2亿元人民币	2011-05-26

（八）凯鹏华盈

凯鹏华盈成立于1972年，是美国最大的风险基金，主要承担各大名校的校产投资业务。凯鹏华盈公司人才济济，在风险投资业崭露头角，在其所投资的风险企业中有康柏公司、太阳微系统公司、莲花公司等这些电脑及软件行业的佼佼者。随着互联网的飞速发展，公司抓住这一百年难觅的商业机遇，将风险投资的重点放在互联网产业，先后投资美国在线公司、奋扬公司、亚马逊书店。

凯鹏华盈全球化业务发展的重点之一是专注于中国——这个世界上增长最快的经济体。凯鹏华盈中国基金具备在本地市场运作的独立性和灵活性，专注于信息技术、绿色科技和生命科学等领域的投资机会，积极寻找并推动创新，帮助企业家成功创业，并协助公司长期持续增长。

近几年凯鹏华盈投资的企业案例详见下表。

凯鹏华盈投资的企业案例

被投资方	所属行业	投资金额	投资时间
喜马拉雅	无线音乐	3300 万美元	2015-01-01
融 360	互联网金融	6000 万美元	2014-07-23
喜马拉雅	无线音乐	1150 万美元	2014-05-22
瑞尔齿科	医疗服务	7000 万美元	2014-04-18
网娱智信	网络营销	5200 万元人民币	2014-03-03

（九）新桥投资

美国新桥投资集团是亚洲最大的私人股权投资机构之一，其管理的资金达 17 亿美元。新桥投资的注册地为美国的特拉华州，业务主要集中在得州、旧金山、纽约、香港、东京、汉城、新加坡、上海等金融中心城市，其主要股东为 GE 投资财团、世界银行、大都会保险和新加坡投资基金等。

新桥投资比较著名的投资案例有以 5 亿美元收购韩国第一银行，在中国曾参与投资过“维维豆奶”和“大白兔奶糖”，后又退出，在中国最大手笔的投资项目是以6000万美元投资软件公司“中泰数据”。

（十）KKR

KKR创建于1976年5月1日，是直接投资领域的创始人，也是全球领先的直接投资管理公司。KKR以完成庞大而复杂的直接投资交易著称，并一直致力于投资并支持在全球各行各业中占据领导地位的企业。

KKR在世界范围内拥有一个汇集金融界、企业界精英的庞大资源网络，并一直注重通过充分利用KKR的全球资源帮助所投资企业提升运营管理水平，创造长远企业价值。公司一贯以诚信、公平著称，并长期保持着卓越的投资业绩。

KKR的业务遍及全球，在纽约、华盛顿、旧金山、休斯敦、伦敦、巴黎、香港、北京、东京、悉尼、首尔和孟买等城市均设有办事处。与此同时，公司致力于建立统一、团结的企业文化。

KKR专业的投资团队以其丰富的投资经验和管理专识，协助被投资公司的高级管理层策划企业的长远策略，以实现支撑战略发展的最佳资本结构，为公司配备能够提升其业务实力的全球性资源，并与公司管理团队一道为股东创造价值。

KKR是直接投资行业中最大的资产管理公司之一。截至2010年6月30日，KKR管理的资产总值超过900亿美元。KKR的投资者包括企业养老基金、社会养老基金、金融机构、保险公司和大学捐赠基金等。

近几年KKR投资的企业案例详见下表。

KKR 投资的企业案例

被投资方	所属行业	投资金额	投资时间
青岛海尔	电器机械及器材制造	6 亿美元	2014-06-23
某畜牧业公司	畜牧业	非公开	2013-09-24
联合环境	环保	4000 万美元	2013-01-08
设想商贸	零售	3000 万美元	2012-08-21
华致酒行	零售	12 亿元人民币	2010-09-28

二、国内知名私募股权投资基金

国内私募股权投资领域的机构排名主要是以管理资本量、新募集基金资本量、投资案例的个数、投资资本量、退出案例个数、退出金额和回报水平等作为参考指标。进行排名的媒体网站等机构一般从私募股权投资机构的投资、管理、融资、退出等各方面进行全面考察，力求最大限度地反映现阶段中国创业投资发展的实际状况。

（一）弘毅投资

弘毅投资成立于 2003 年，是联想控股成员企业中专事股权投资及管理业务的公司。弘毅投资目前共管理五期美元基金、两期人民币基金和一期人民币夹层基金，总投资资金规模超过 460 亿元人民币。

弘毅投资出资人包括联想控股、全国社保基金、中国人寿及高盛、淡马锡、新加坡政府投资、斯坦福大学基金等全球著名投资机构。国内国际的优质资源组合，提升了弘毅投资为企业提供增值服务的能力。

弘毅投资专注中国市场，以“增值服务，价值创造”为核心投资理念，业务涵盖并购投资与成长型投资，投资的企业包括国有企业、民营企业和海外公司，已先后投资了 70 多家企业，培育了一批行业领先企业。截至 2012 年底，被投企业资产总额 16000 亿元，整体销售额 5200 亿元，利税总额 360 亿元，为社会提供了超过 45 万个就业岗位，良好的投资收益和社会效益获得了广泛认可。

除为企业注入资金外，为被投企业提供做大做强的增值服务是弘毅投资的核心能力。在本土同类投资企业中，弘毅投资率先组建弘毅咨询，提供收费咨询服务，优先帮助被投企业实现跨越式发展。

弘毅投资拥有根植中国的国际化团队，可以实质性协助企业提高经营管理水平，进行国际化拓展，建立行业领先地位。弘毅投资与被投资企业结伴同行，共同发展，在帮助企业成长过程中获得投资回报，共同为中国经济发展做出贡献。

弘毅投资的企业案例详见下表。

弘毅投资的企业案例

被投资方	所属行业	投资金额	投资时间
途牛旅游网	网络旅游	1.3 亿美元	2015-05-10
尚世影业	电影制作与发行	非公开	2013-06-13
新华保险	人寿保险	73.5 亿元人民币	2011-03-31
商之都	零售	非公开	2011-02-18
王府井百货	零售	非公开	2010-12

（二）新天域资本

新天域资本成立于 2005 年，是一家专注于中国市场的私募股权投资基金。新天域资本着力于“转型”与“成长”两条主线，致力于为基本面良好、具有高增长潜力的企业提供转型及进一步发展的助力。重点关注具有广阔发展空间的中国二三线地区的投资机会。关注的重点行业包括中高端制造业、可替代能源、消费品与服务业、医疗医药健康服务业。

新天域资本旗下目前有三支美元基金和一支人民币基金，基金总规模超过15亿美元，由来自美国、欧洲、亚洲等全球五十多家著名投资机构共同投资组成。自2005年6月至今，新天域资本已先后在制造业、医药、IT、传媒、新能源、消费品、商业连锁等多个行业进行了超过三十多个项目的投资，并帮助被投资企业在中国A股市场和其他海外证券交易所成功上市。随着投资业务的推进，新天域的投资将涉足更多的行业。

新天域资本以“增值服务，价值创造”为核心理念，通过投资合作给企业带来快速稳定的发展，保持企业在各自行业中的领先地位，给基金投资人带来丰厚的回报，同时也使当地政府受益，最终实现社会、企业和投资者多方共赢。

（三）君联资本

君联资本管理股份有限公司（简称“君联资本”），原名联想投资，成立于2001年4月，是联想控股旗下独立的专业风险投资公司，于2012年2月16日正式更名为君联资本。总部位于北京，2003年设立上海办事处。

君联资本的核心业务定位于初创期风险投资和扩展期成长投资。目前君联资本共管理6期美元基金、3期人民币基金，资金规模合计逾200亿元人民币，重点投资于运作主体在中国及市场与中国相关的创新、成长型企业。

截至2015年5月，君联资本注资企业200余家，其中32家分别在美国纽交所、纳斯达克、香港联交所、台湾柜买中心、上交所、深交所中小板和创业板上市，另有20家公司通过并购方式实现退出。

近两年君联资本投资的企业案例详见下表。

君联资本投资的企业案例

被投资方	所属行业	投资金额	投资时间
布卡漫画	无线互联网服务	1 亿元人民币	2015-11-09
如涵电商	电子商务	非公开	2015-10-26
神州专车	网络服务	非公开	2015-09-17
59Store	电子商务	非公开	2015-08-20
途虎养车网	网络服务	非公开	2015-06-09
Ucloud	IT 服务	1 亿美元	2015-04-09
拍拍贷	P2P	1 亿美元	2015-04-03
凤凰国旅	旅游	非公开	2015-02-04
天舟文化	出版业	1.3 亿元人民币	2014-12-24
明德生物	生物制药	1694 万元人民币	2014-06-26
Ucloud	IT 服务	5000 万美元	2014-06-17
小猪短租	电子商务	1500 万美元	2014-06-16
好买财富	其他	6513 万元人民币	2014-05-14

（四）复星创富

上海复星创富投资管理有限公司是复星集团旗下从事股权投资及管理业务的专业公司，承担着集团开展私募股权投资和对外开展资产管理的重要职能。

目前复星创富管理着五支人民币基金，基金规模超 60 亿元，复星创富人民币基金投资人主要由全国社保、泰康保险以及国内知名上市公司和著名民营企业家组成。

复星创富专注中国成长动力，汇聚成长力量，以“持续发现和把握投资机会、持续优化管理提升企业价值、持续建设多渠道融资体系对接优质资本”为核心投资理念，抓住中国消费升级转型的投资机会，抓住中国制造业升级转型的投资机会，抓住消费升级和制造升级所带来的服务升级的投资机会。

福星创富的投资业务主要涵盖并购投资与成长性投资，目前公司直接投资和受托管理的企业达20余家，投资领域涉及金融保险、能源化工、交通物流、消费品、连锁、装备制造、农林资源以及信息科技等多个行业，并通过投资打造了多个领先企业。

复星创富致力于打造成为国内领先、具有复星特色的股权投资和基金管理人，是一家值得长期信任和友好合作的股权投资管理公司。

（五）厚朴基金

厚朴基金成立于2007年，是由高盛集团的中国合伙人方风雷创立的一家私募股权公司，管理着25亿美元的资产，高盛和新加坡淡马锡控股为该基金提供支持。

这家在海外设立、专注于中国的私人股权投资基金，管理资金规模为25亿美元，完全以国际标准的合伙制模式打造，其投资者全部为世界排名前三位的机构投资者，包括主权财富基金、新加坡淡马锡投资。据悉，厚朴投资的制度设计、后台管理、投资策略都是在淡马锡的帮助下建立起来的。

作为一家初创企业，厚朴基金管理公司对于市场的影响力主要来自其三位创始合伙人：高盛高华证券公司董事长方风雷、原毕马威会计师事务所中国业务主席何潮辉和原高盛亚洲投资银行部联席主管王忠信。

（六）中信产业投资基金

中信产业投资基金公司是中国中信集团公司和中信证券股份有限公司从事投资业务的专业子公司，经国家发展和改革委员会批准于2008年6月设立，初始注册资本1亿元人民币，2010年12月增加至18亿元。2011年末总资产41.5亿元，净资产34亿元，营业收入16亿元，利润总额13

亿元，净利润10亿元，员工145人。

中信产业投资基金旗下目前管理着四支基金，合计管理规模达到302亿元人民币。

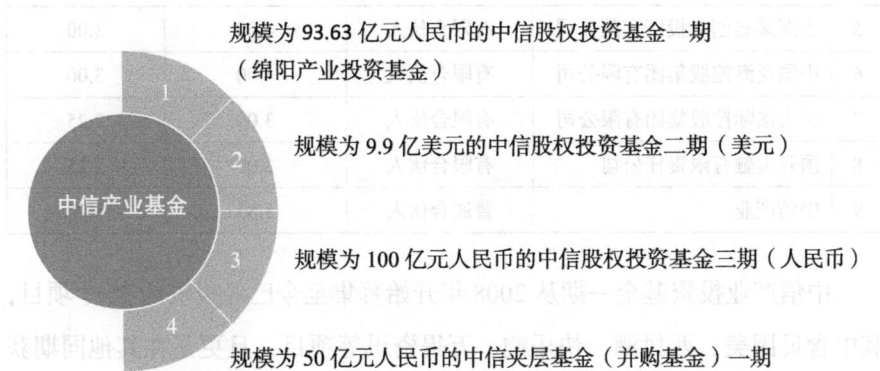

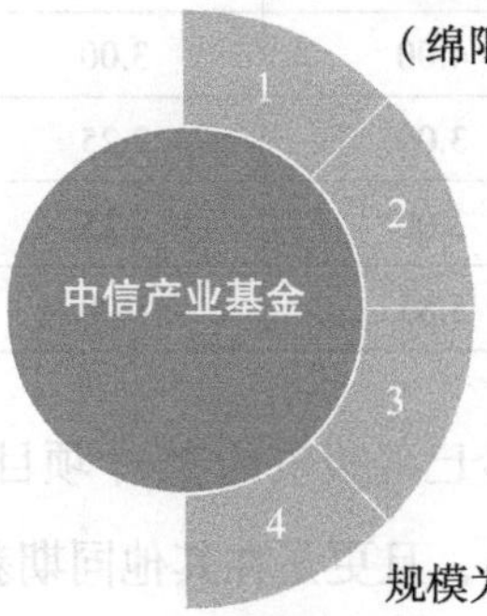

中信产业投资基金的第一支人民币基金绵阳产业投资基金的投资期于2011年1月完成募集，总规模为90亿元人民币，高于原来计划的60亿元的规模，基金存续期12年。绵阳产业投资基金同时也是由国务院批准设立的第二批5支产业基金试点中第一支募集完成并正式运作的基金。绵阳产业投资基金将主要投资于金融、消费、原材料和机械制造四个领域。

中信产业基金一期（绵阳产业投资基金）前九大出资机构的募集情况详见下表。

中信产业基金一期（绵阳产业投资基金）募集情况（前九大出资机构）

序号	出资方	类型	认缴出资/亿元人民币	到账出资/亿元人民币
1	全国社会保障基金理事会	有限合伙人	20.00	15.00
2	中国邮政储蓄银行有限责任公司	有限合伙人	10.00	7.50
3	中信证券股份有限公司	有限合伙人	5.00	3.75

（续表）

序号	出资方	类型	认缴出资 / 亿元人民币	到账出资 / 亿元人民币
4	中国建银投资有限责任公司	有限合伙人	5.00	3.75
5	上海瑞鑫创业投资有限公司	有限合伙人	4.00	3.00
6	中国泛海控股集团有限公司	有限合伙人	4.00	3.00
7	英大国际控股集团有限公司	有限合伙人	3.00	2.25
8	国开金融有限责任公司	有限合伙人	3.00	2.25
9	中信产业	普通合伙人	5.83	8.00

中信产业投资基金一期从 2008 年开始募集至今已经投资约 25 个项目，其中含贝因美、西凤酒、快乐购、万得资讯等项目，且更是在其他同期获批的产业基金尚未理顺思路时就已经开始收获回报。

2010 年 6 月，盛运股份在创业板成功上市，这是绵阳产业投资基金投资的首单 IPO，绵阳产业投资基金于 2009 年 6 月斥资 3900 万元持有其 1000 万股，以 10.46% 的持股比例位列第三大股东。

贝因美为其第二单，2011 年 4 月在中小板成功上市，绵阳产业投资基金持 705 万股。此外绵阳产业投资基金还以 2128 万元的出资额持有贝因美集团 10% 股份，即间接持有贝因美 1647 万股。

2011 年 8 月，绵阳产业投资基金第三个 IPO 公司——江河幕墙在上海主板成功挂牌，绵阳产业投资基金分别通过增资和受让股权的方式，以持有 4000 万股、占总股本 8.89% 的比例位列公司第四大股东。

从经营的业绩来看，中信产业投资基金可以算是国内最成功的产业投资基金之一。作为一个产业投资基金，中信产业投资基金的运作上采用的是 FOF 的模式。该基金不直接进行企业股权投资，而是在市场中选择优秀的基金管理公司设立的、资金投向为国家政策鼓励且急需发展的行业的基金。当然，这个优秀的基金管理公司就是其本身。

中信产业投资基金在股权市场上的成功运作，除了是因为其拥有优秀的管理团队之外，还有就是其集团背后强大的资源力量的支持。雄厚的资金、强大的研究力量、完善的尽职调查、庞大的人脉关系以及对投资项目强有力的增值服务都是提高中信产业基金竞争力的非常手段。

虽然中信产业投资基金对外总宣称其在运作时的独立性，但不可否认，集团所拥有的各项业务平台、市场信誉都无形中影响着中信产业投资基金的市场地位。因此，中信产业投资基金名义上只是一个股权投资平台，但实质上其实它是一个集证券投资、信托、再贷等多元化的金融运作平台的一个部分。

同时，中信产业投资基金也在对自身的运作模式进行调整。近几年中信产业投资基金除了进行股权投资外，也开始试水二级市场，并成立了相应的股票投资部门，一方面是为了将产业基金与二级市场对接外；另一方面也是将其持有的上市公司的股份进行更好的操作。

此外中信产业基金还与中粮集团合作，在2012年发行了“中粮信托•中信产业投资基金公司信托贷款集合资金信托计划”，该信托计划于2012年3月起募资，发行额度4亿元，利率为8.5%~9%。尽管该信托的目的是用于中信产业投资基金的日常经营，但不难看出中信产业投资基金正逐步向多元化的方向发展。

（七）深圳达晨创业投资

达晨创投成立于2000年4月，总部位于深圳，注册资本为人民币1亿元，是中国第一批按市场化运作设立的本土创投机构。

自成立以来，达晨创投聚焦于TMT、消费服务、医疗健康、节能环保领域以及军工、智能制造、机器人等特色细分行业，目前已经发展成为国内规模最大、投资能力最强、最具影响力的创投机构之一，并被推选为中国投资协会股权与创业投资专业委员会、中国股权投资基金协会、深圳市创业投资同业公会、深圳市投资基金同业公会、深圳市企业家联合会等专业协会副会长单位。

达晨创投投资于技术或经营模式有创新并具有高成长潜力的创业型企业；对于具有良好业绩、具有一定规模和优秀管理队伍的企业或是处在上市前期的企业，由项目公司核心团队持有公司控制性股份，在每个项目中原则上不超过20%。

公司投资处于涵盖种子期、发展阶段、扩张阶段和上市前期阶段的企业，但被投资企业需要满足几个前提条件。

1 被投资企业拥有自主知识和核心技术

2 被投资企业有注重合作的优秀管理队伍

3 被投资企业有独特的竞争优势和广阔的发展前景

达晨创投的一般投资额度为500万元至5000万元人民币，投资时以股权投资为主，结合多种投资方式，并可根据投资项目情况，可以采用联合投资和分段投资的方式。投资企业期限一般不超过5年，当被投资企业达到一定规模时，将采取其他股东收购、其他机构收购、企业公开上市等方式退出其部分或全部股权。

目前达晨创投共管理15期基金，管理基金总规模超过150亿元；投资企业超300家，成功退出74家，其中42家企业IPO，32家企业通过企业并购或回购退出。同时已有30家企业在新三板挂牌，有25家企业完成IPO预披露等待证监会审核。

凭借严谨的投资态度、专业的投资理念、持续的创新精神和优良的投资业绩，达晨创投现已发展成为中国本土最具品牌影响力的创投机构之一。在行业权威评比机构和权威媒体的各项综合评比中，达晨创投多年来一直名列前茅。2001–2015 年，公司连续 15 年被行业权威评比机构清科集团评为“中国最佳创业投资机构 50 强”，2012 年度、2015 年度综合排名第一，并荣获“2012 年中国最佳创业投资机构”“2015 年中国最佳创业投资机构”“2012 年中国最佳退出创业投资机构”“2015 年中国最佳退出创业投资机构”。

（八）上海联创投资

上海联创投资管理有限公司于 1999 年 7 月 21 日在上海注册成立，目前管理着 1.5 亿美元的资金。

上海联创投资管理有限公司是中国第一家同时管理国内和国外基金的创投公司。国内股东包括上海市政府投资的上海联和投资有限公司以及由发改委、商务部和中科院合作组建的科技促进经济基金委员会，国外股东包括新加坡政府投资集团、嘉里集团、科华集团、SuneVision、JAFCO、摩托罗拉、阿尔卡特以及其他自然人股东等。

到目前为止，上海联创投资已投资了 47 个企业，投资额超过 1 亿美元，已经有超过 10 个公司公开上市。

公司目前投资方向主要为具有高速成长潜力的中国高新技术企业，重点为信息技术、生物医药、环保和新材料。其中信息技术领域占投资总额的 60%，生物医药领域占 20%，环保及新材料领域占 20%。

公司投资的项目包括江西润田、远望谷、正合新能、金风科技、悍马轮胎、华工百川、天联世纪、康缘药业、联环药业、西部矿业、亚信、证券之星等。

（九）江苏高科技投资集团

江苏高科技投资集团是中国最早设立的专业化私募股权投资和创业投资机构之一，长期致力于以专业化股权投资手段助力国家和区域经济创新发展、转型升级，经过二十余年的努力，已经发展成为国内顶级的以股权投资业务为核心的金融控股型多元投资集团。

集团的主营业务包括以下几类。

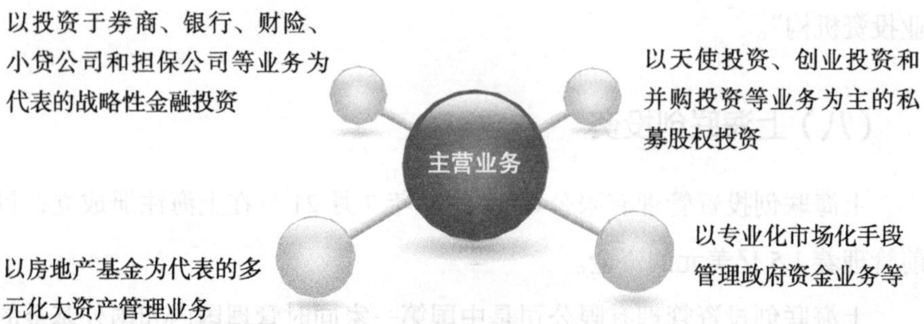
以投资于券商、银行、财险、小贷公司和担保公司等业务为代表的战略性金融投资
以天使投资、创业投资和并购投资等业务为主的私募股权投资
主营业务
以房地产基金为代表的多元化大资产管理业务
以专业化市场化手段管理政府资金业务等

集团拥有多达200多人的股权和创业投资专业化团队，在国内各重点区域设立了分支机构，并有股权投资领域的国家级博士后工作站；累计组建了61余支不同定位的股权投资基金，管理资本规模逾400亿元，累计投资了450多家创业企业，已助推60多家在境内外资本市场成功上市；另有一大批企业成长为科技创新的典范和行业排头兵。

集团拥有以毅达资本为核心业务平台、邦盛资本和遍布长三角等国内热点区域的特色管理公司为一体的完整体系。围绕助力科技创新创业、发展战略性新兴产业和促进区域经济转型升级，多年坚持创新金融手段，服务实体经济和中小企业发展，为集团赢得了品牌和声誉。

集团多次获得“中国最具竞争力创投机构”“中国卓越创业投资机构”“中国最佳管理团队创投机构”等荣誉，在中国私募股权投资和创业投资机构排行榜中稳居第一方阵。现为中国股权和创业投资专委会联席会长单位、江苏省创业投资协会会长单位、江苏省天使投资联盟理事长单位，2014年被推荐为中国基金行业协会联席会首任轮值主席单位。

（十）九鼎投资

昆吾九鼎投资管理有限公司（简称九鼎投资）是在国家发展与改革委员会和中国证券投资基金业协会备案登记的专注于股权投资及管理的专业机构。在中国股权投资第三方研究机构清科集团的中国私募股权投资机构综合排名中，九鼎投资在2011年、2012年连续两年获得“中国最佳PE机构”，2009–2015年连续7年获评“中国私募股权投资机构十强”，并获评“2015年中国最佳私募股权投资机构”。

九鼎投资总部位于北京，在全国50个地区设有分支机构，管理了多支人民币基金和一支美元基金。九鼎投资在消费品、医药医疗、农业、装备制造、化工、新材料、TMT、新能源、环保、矿产共10个领域均有专业的投资团队进行长期研究、跟踪和投资，并在部分领域设立有专业基金，在10个领域均有大量的成长期和成熟期项目投资。九鼎投资累计投资项目超过260家，目前已上市企业及处于上市在审中企业70余家。

九鼎投资拥有专业的投后服务团队，并建立了专门针对所投企业高管的培训平台——“九鼎商学院”，通过整合公司员工、基金出资人、被投资企业和各类外部合作机构的资源和经验，为所投资的企业有针对性地提供战略梳理、模式优化、人才引进、管理改进、融资支持、业务拓展等方面的增值服务，帮助已投企业实现价值提升，并藉此为投资者创造较高回报，实现企业和投资者共赢。

近几年九鼎公司投资的企业案例详见下表。

九鼎公司投资的企业案例

被投资方	所属行业	投资金额	投资时间
世优电气	电力、燃气及水的生产和供应业	3100 万元人民币	2015-08-04
海昌华	交通运输	1368 万元人民币	2015-07-22
三强股份	其他	270 万元人民币	2015-07-16
建装业	其他	959 万元人民币	2014-12-17
梧桐理财网	互联网金融	非公开	2014-11-13
中棉种业	农业加工	3600 万元人民币	2014-07-22
九典制药	化学药品原药制造业	2999 万元人民币	2013-10-31
华日通讯	数字化电子产品	8430 万元人民币	2013-10
天煌制药	化学药品制剂制造业	7500 万元人民币	2013-06-17
金达照明	照明器具制造	3000 万元人民币	2013-02-04
开维喜阀门集团	其他	1 亿元人民币	2012-11-27
万鑫药业	其他	3 亿元人民币	2012-11-22
扬力集团	其他	1 亿元人民币	2012-11-22
川矿集团	其他	3000 万元人民币	2012-09-26
佳和农牧	畜牧业	5500 万元人民币	2012-08-17
全民牙医	医疗服务	非公开	2012-08-13
联众	网络游戏	1881 万元人民币	2012-06-20
千年珠宝	零售	1000 万元人民币	2012-04-20
安达科技	化工原料生产	5000 万元人民币	2012-04-07
川恒化工	农药及肥料	1.8 亿元人民币	2012-01-17

（十一）景林资产

景林资产管理有限公司成立时间于 2004 年，总部设在上海，注册地址为开曼群岛。

景林资产管理有限公司是以投资境内外上市公司和拟上市公司股权

为主的资产管理公司。景林资产管理香港有限公司持有香港证监会发出的资产管理牌照（第九类）。景林资产现管理金色中国基金、金色中国加强基金等国际基金、深国投景林稳健、深国投景林丰收等国内信托投资计划，以及进行私募股权投资管理。基金的投资人包括亚太和欧美的主要投资机构。

近几年景林资产投资的企业案例详见下表。

景林资产投资的企业案例

被投资方	所属行业	投资金额	投资时间
火辣健身	无线互联网服务	非公开	2015-01-29
辣妈帮	其他	非公开	2014-07-04

（十二）信中利

信中利投资有限公司（简称信中利）由汪潮涌先生同瑞士投资者共同于 1999 年 5 月创办，是中国从事风险投资、投资银行以及基金管理业务的民营产业投资公司。信中利公司在北京、深圳和香港分别设有办事机构。

信中利公司的风险资本主要投向具有快速成长能力的未上市的新兴公司（主要是高科技公司），在承担风险的基础上为融资人提供长期股权投资和增值服务，培育企业快速增长。投资领域包括信息技术、传媒、生物科技、环保科技、消费产品、医疗保健、服务等。

和新加坡投资者合作的新加坡中国成长企业投资基金为中国高成长的行业进行股权投资，投资领域包括消费产品、环保产业、医疗保健、传媒、服务。欧洲中国股权投资基金的投资领域包括信息技术、传媒、生物科技、环保科技。

近几年信中利投资的企业案例详见下表。

信中利投资的企业案例

被投资方	所属行业	投资金额	投资时间
金润科技	应用软件	8400万元人民币	2015-08-10
品尚红酒网	B2C	1.5亿元人民币	2014-12
阿斯顿马丁	汽车制造	非公开	2013-10
品尚红酒网	B2C	非公开	2013-03-26
品尚汇	零售	1000万元人民币	2013-01-11

（十三）建银国际

建银国际有限公司（简称“建银国际”）是中国建设银行股份有限公司全资拥有的投行旗舰，业务围绕Pre-IPO、IPO与Post-IPO三大环节形成涵盖众多产品的完整投行产业链，竭诚为全球优质企业提供包括保荐与承销、财务顾问、企业收购兼并及重组、上市公司增发配售及再融资、直接投资、资产管理、证券经纪、市场研究及投资咨询等全方位的投行服务。

建银国际通过以下三个主要的投资平台开展私募股权投资业务。

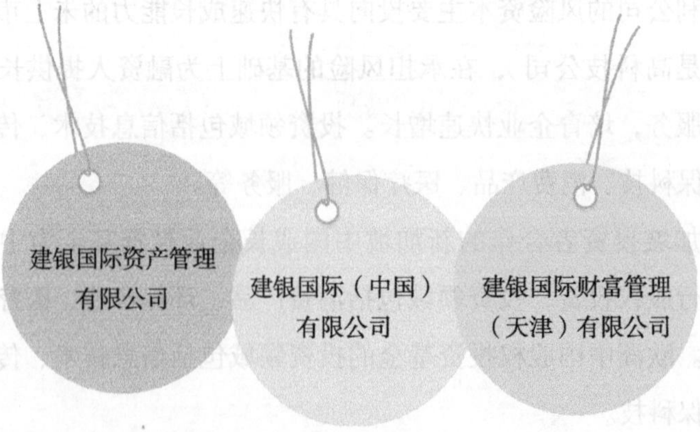

1. 建银国际资产管理有限公司

建银国际资产管理有限公司核心业务为基金投资及资产管理。该公司的直接投资业务在保证传统行业投资业绩稳步上升的前提下，将医疗健康、文化创意、互联网和物联网、新能源、绿色节能环保、IT 硬件、新材料及第八类新经济定为重点投资方向。

2. 建银国际（中国）有限公司

建银国际（中国）有限公司设立于北京，是建银国际面向境内资本市场开展业务的重要平台以及为建设银行客户提供全面金融解决方案的重要平台。中国公司充分利用与建设银行在内地业务中密切联动的独特优势，依托母公司综合性金融服务集团的雄厚实力，根植于中国市场，向优质客户提供直接投资、财务顾问、投资管理、金融创新产品和证券研究等投行服务。

3. 建银国际财富管理（天津）有限公司

建银国际财富管理（天津）有限公司是建银国际在国内设立的全资子公司，是建银国际在国内从事人民币股权投资基金业务的战略平台。公司充分利用中国建设银行及建银国际在金融和投资领域的综合优势，为被投资企业提供产业运营增值和资本运营增值服务，帮助企业成长，为投资者创造价值，实现多方共赢。目前建银国际财富管理已经设立与正在筹建的中国内地私募基金，覆盖医疗保健、文化、航空、环保等多个产业。

近几年建银国际投资的企业案例详见下表。

建银国际投资的企业案例

被投资方	所属行业	投资金额	投资时间
星光影视	终端设备及技术服务	1.5 亿元人民币	2012-09
拜博口腔	医疗服务	1.5 亿元人民币	2012-07-17
安必平	医疗设备	非公开	2012-01-23

（续表）

被投资方	所属行业	投资金额	投资时间
广东天信	金融服务	2.5 亿元人民币	2011-07-18
小马奔腾	影视制作及发行	7.5 亿元人民币	2011-03-22

（十四）中科招商

中科招商于 2000 年 12 月在深圳创立，管理总部设在北京，是中国首家经政府批准设立的大型人民币创业投资基金专业管理机构。经过 10 余年的创新发展，中科招商集团在中国投资市场、融资市场和产业市场三大领域已经成为新的领航者，为推动区域经济和助力国家经济战略的发展作出了卓越贡献。

中科招商集团目前已经成为国内管理人民币股权基金规模最大的投资机构，受托管理的基金超过 100 支，现金投资能力超过 600 亿元，即使在资本市场低迷的 2012 年，中科招商集团仍新增基金规模 150 亿。

近几年中科招商投资的企业案例详见下表。

中科招商投资的企业案例

被投资方	所属行业	投资金额	投资时间
鲜美种苗	农业种植	320 万元人民币	2015-07-23
真格贷	金融搜索及资讯	500 万元人民币	2014-03-07
蓝思种业	畜牧业	3800 万元人民币	2014-03-04
中泰模具	其他	5000 万元人民币	2014

第八章

阳光私募基金

阳光私募基金作为与公募基金相对应的投资于股市的基金，对中国资本市场的发展和健全起着重要推动作用。

一、认识阳光私募基金

近几年来中国的阳光私募基金迅速发展壮大，已经逐渐成为股市生力军，在资本市场上起着举足轻重的作用。

（一）什么是阳光私募基金

阳光私募基金是以非公开方式向特定高净值客户募集资金，由资深投资公司管理，资金实行第三方银行托管，证券交由证券公司托管，投向证券市场的浮动收益类高端理财产品，其运作具有规范化、透明化的特点。阳光私募基金依据《证券投资基金法》发行设立，实行注册登记备案制。阳光私募基金业绩一般优于公募基金。

目前私募基金可以投资于中国证券市场上的股票、债券、封闭式基金、开放式基金、央行票据、短期融资券、资产支持证券、金融衍生品以及中国证监会规定可以投资的其他投资品种。在实际运作中，私募基金的投资标的主要集中于股票和债券。自 2011 年 7 月起，通过指定信托公司发行的阳光私募基金还可投资一定比例的股指期货。

阳光私募诞生于 2003 年，经过十余年的发展，截至 2015 年 3 月底，行业整体规模约 6600 亿元。

目前市场上大部分的阳光私募基金实质上是信托产品，即通过信托公司发行产品，通过信托合同规定各方的权利与义务。

阳光私募基金共有四方参与：阳光私募基金公司、信托公司、证券公司和银行。其中阳光私募基金公司负责证券市场投资，信托公司是产品发行的法律主体，提供产品运作的平台，并承担部分监管职责；银行作为资金托管人，保障投资者资金安全；证券公司作为证券托管方，保障证券的安全性。

另外，除了通过信托平台发行，还有通过有限合伙企业、券商资管通道、公募基金一对一专户发行的阳光私募基金。

阳光私募基金的结构如下图所示。

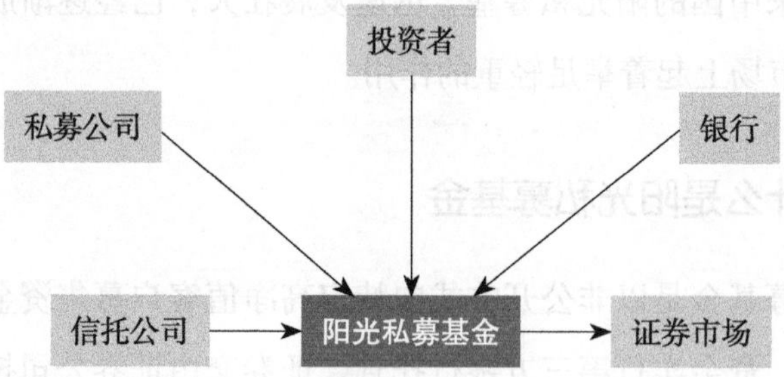

（二）阳光私募基金的特点

阳光私募基金主要具有以下特点。

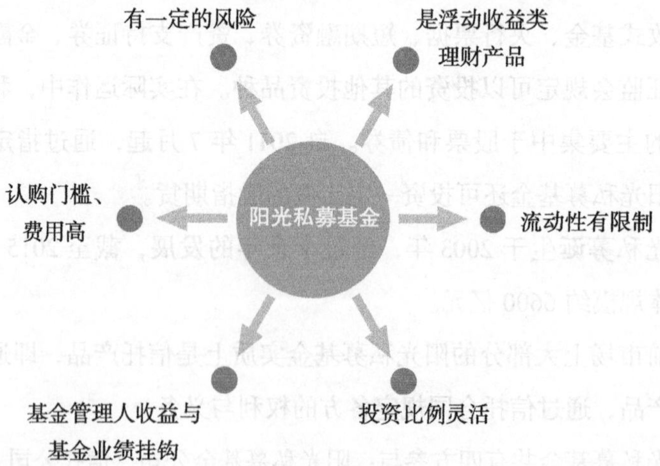

1. 认购门槛、费用高

认购阳光私募基金，一般至少在100万元以上，多则达到三四百万元。对于个别上亿元的巨额资金，投资顾问公司则推出大客户专项管理服务。一般情况下阳光私募基金认购费用为认购信托计划金额的1%。

2. 基金管理人收益与基金业绩挂钩

阳光私募基金固定管理费用很少，一般为0.25%，基金管理人主要收益来自超额业绩提成。通常基金管理人收取20%的超额业绩提成，但该超额业绩提成只有在私募基金净值每次创出新高后才可以提取。

因此，私募基金需要追求绝对的正收益，对下行风险的控制相对严格。只有投资者赚到钱，基金管理人才能赚到超额业绩提成。这从根本上保证了基金管理人的利益和投资者的利益是一致的，最大程度地保护了投资者的利益。

3. 投资比例灵活

阳光私募基金投资证券市场的仓位可在0~100%灵活调整，牛市可满仓获取全部收益，熊市可空仓规避系统风险，投资策略众多。

4. 流动性有限制

阳光私募基金并没有固定的存续期限，但通常设有赎回封闭期和准赎回封闭期。赎回封闭期一般是产品成立或投资者认购后的1~6个月，期间不允许赎回。准赎回封闭期一般是产品成立或投资者认购后的7~12个月，期间投资者可以赎回，但需缴纳3%的赎回费。封闭期结束后，投资者可在开放日申请赎回，且不需缴纳赎回费。

5. 是浮动收益类理财产品

阳光私募基金是浮动收益类的理财产品，且不同基金业绩分化较大。据统计，阳光私募行业自诞生以来平均年化收益率为15%~30%。目前市场上有几千只阳光私募产品，投资能力、业绩表现参差不齐，认购时需要精挑细选。

6. 有一定的风险

绝大多数阳光私募基金并不承诺保本，存在本金亏损的风险。亏损风险主要源于股票市场的系统性下跌风险。然而根据相关统计，阳光私募基金的风险控制要远远好于同类投资于股票的理财产品。在市场环境表现不好的情况下，阳光私募行业的平均最大回撤也仅为大盘指数的二分之一。

（三）阳光私募基金的类型

根据投资标的的不同，阳光私募基金的投资类型可大致分为以下几种类型。

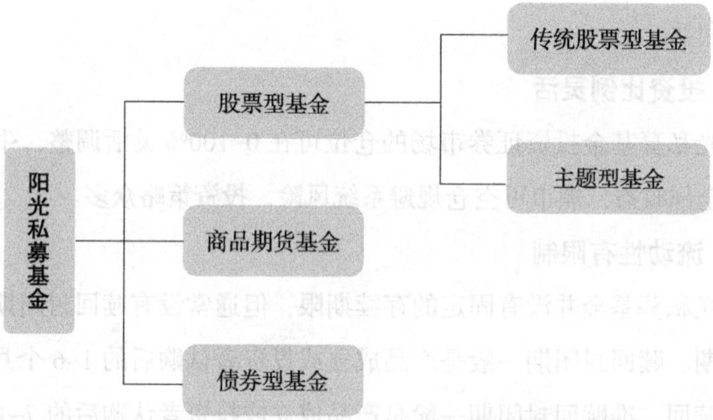

在以上几类阳光私募基金中，传统股票型基金是阳光私募行业内最主流的基金投资类型。

1. 传统股票型基金

股票型基金，顾名思义就是投资标的以上海交易所和深圳交易所挂牌交易的股票为主，同时根据需求会少量投资银行间市场的所有投资品种（如债券、中央银行票据等），以及证监会许可发行的基金和其他投资品种。

传统股票型基金具有以下特点。

1. 投资标的范围广，具有多样性
2. 投资股票种类多，可在一定程度上分散组合风险
3. 所投股票流动性好，容易变现
4. 投资收益受 A 股市场波动影响较大

2. 主题型基金

主题型基金是根据某些事件驱动或根据行业划分选择股票，如定向增发型基金（只投资上市公司的定向增发股票），医药、消费行业基金（投资标的以医药、消费行业个股为主），而不将股票限定在某些主题或行业的基金则是传统股票型基金。

主题型基金具有以下特点：

1. 投向特定行业
2. 持仓股票集中于某一行业，风险较为集中
3. 所投股票流动性好，容易变现
4. 投资收益受行业景气度、行业政策影响较大

3. 商品期货基金

商品期货基金的投资范围包括国内商品期货交易及相关的国内现货商品交易的所有投资品种，通过建立不同品种的多头和空头头寸获取投资收

益。投资品种通常包括黄金、铜等贵金属，农产品等。

商品期货基金具有以下特点。

1 风险大，期货投资实行保证金交易制度，投资者可利用杠杆交易成倍地放大投资收益和风险

2 投资收益与股票市场不相关

4. 债券型基金

债券型基金的主要投资对象为国债、金融债等固定收益类金融工具。债券型基金具有以下特点。

1 低风险、低波动。债券投资通常风险小、波动小，债券型基金也具有此特点

2 低收益。债券属于固定收益类产品，一般承诺到期还本付息，收益上涨空间小

3 投资收益与利率市场波动密切相关

二、阳光私募基金与公募基金、信托、私募股权投资基金的对比

近年来投资理财行业日益壮大，这其中又分成了不同的方向，阳光私募基金、公募基金、固定收益类信托产品以及私募股权基金均是投资者关

心的领域，虽然都是金融行业，但又有许多不同点。

（一）阳光私募基金与公募基金的区别

公募基金是指在主管部门（主要为证监会）监管下，向不特定投资者公开发行受益凭证的证券投资基金。

阳光私募基金与公募基金的区别详见下表。

阳光私募基金与公募基金对比

对比项目	阳光私募基金	公募基金
组织形式	信托制	契约制
募集对象	少数特定合格投资者	广大社会公众
募集形式	非公开发售	公开发售
募集规模	几千万元至几亿元	几亿元至几百亿元
投资门槛	一般最低为 100 万元	一般为 1000 万元（含以上）
流动性	封闭期后设开放日可申购赎回	每个交易日均可申购赎回
信息披露	信息披露要求低，有较强保密性	信息披露要求非常严格，投资目标、投资组合等信息都要披露
净值公布频率	按周、月或季度公布	按交易日公布
投资限制	可协议约定，规模小，可集中投资于少数股票，一般单支股票的投资额度不超过基金总规模的 20%	规模大，不得不进行分散投资，一只公募基金可能同时持有 50 多支股票，分散到单支股票上的投资比例不到 2%
仓位控制	0~100%	60%~100%
业绩报酬	固定管理费 + 浮动管理费	固定管理费
决策流程	管理层级少，私募基金经理可以直接决策，因此决策流程比较高效	有投资委员会，需按照相关程序进行交易，容易错过好的交易机会
追求目标	绝对收益	相对收益
监管机构	银监会	证监会

（二）阳光私募基金与信托和私募股权投资基金的对比

阳光私募基金是指由投资顾问公司作为发起人，投资者作为委托人，信托公司作为受托人，银行作为资金托管人，证券公司作为证券托管人，依据《信托法》及《信托公司集合资金信托计划管理办法》发行设立的证券投资类信托集合理财产品。

信托是指委托人基于对受托人的信任，将其财产权委托给受托人，由受托人按委托的意愿以自己的名义，为受益人的利益或者特定目的进行管理或者处分的行为。

信托产品是指一种为投资者提供了低风险、稳定收入回报的金融产品。信托产品可以划分为贷款信托类、权益信托类、融资租赁信托类、不动产信托类。各个信托品种在风险和收益潜力方面可能会有很大的区别。购买各类信托产品需综合考虑收益及风险因素。

私募股权投资基金是指通过私下募集的形式对私有企业即非上市企业进行的权益性投资，在交易实施过程中附带考虑了将来的退出机制，即通过上市、并购或管理层回购等方式，出售持股获利。

阳光私募基金、信托和私募股权投资基金三者的相同点如下。

1. 流动性较差，一般情况下封闭期内不可以赎回（现在信托在这方面越来越灵活了）
2. 管理费用基本都是基本管理费 + 20% 业绩报酬
3. 不可以做募集宣传
4. 销售渠道都以银行和券商为主（由于有银行和券商禁止代销信托和私募股权基金，所以第三方理财机构成主要销售平台，大部分有实力的信托和私募股权基金纷纷自建财富管理中心进行直销）

阳光私募基金、信托和私募股权投资基金三者的不同点详见下表。

阳光私募基金、信托和私募股权投资基金的不同点

项目	阳光私募基金	信托	私募股权投资基金
定义	阳光私募基金是由专业的投资顾问（阳光私募公司）发起，借助信托平台发行，资金实现第三方银行托管，证券交由证券公司托管，在银监会的监管下，主要投资于股票市场的高端理财产品。阳光私募基金向特定高净值客户募集，业绩一般优于公募基金	由信托公司发行的，收益率和期限固定的信托产品。融资方通过信托公司向投资者募集资金，并通过将资产（股权）抵押（质押）给信托公司以及第三方担保等措施，保证到期归还本金及收益	向特定合格投资者募集资金，投资于非上市公司股权，通过公司上市或者并购退出，获得高额收益的一种投资方式
投资门槛	最低认购金额通常为100万元，部分基金为300万~2000万元不等	最低认购金额通常为100万元，但也有部分产品小于100万元	基金规模小于5亿元，投资门槛通常为300万元或500万元，规模在5亿元以上，投资门槛通常为1000万元
投资领域	主要投资于沪深两市的A股股票、债券、基金、银行存款、股指期货等证监会允许的投资品种	一般投资于基础产业，房地产、工商企业等。组合投资类信托还可能投资于低风险的金融产品	对企业（一般是非上市公司）进行股权权益性投资
投资期限	通常阳光私募发行后有1~6个月的封闭期，期间客户不能赎回；发行后7~12个月为准封闭期，可以赎回，客户可以赎回，但是需要交3%的赎回费，满一年可以免费赎回	信托产品投资期限一般为1~3年，常见的是1年期和2年期产品	私募股权基金的期限较长，一般为5~8年

（续表）

项目	阳光私募基金	信托	私募股权投资基金
收益来源	基金在二级市场上的投资收益	主要来源于融资企业的营业收入	通过被投资企业估值提高获取资本利得，所投资企业壮大、成熟后通过上市、出售等方式退出而实现资本增值
监管机构	银监会	银监会	发改委

三、阳光私募基金的发行模式

阳光私募基金自 2003 年诞生以来，经过十多年的发展蜕变，目前规模已突破 6600 亿元。2004 年初，赵丹阳与华润信托合作，在国内发行了第一只信托制的阳光私募基金——赤子之心（中国）。随着阳光私募行业的发展壮大与不断创新，信托公司已不再是阳光私募基金唯一的发行通道。如今阳光私募基金主流的发行模式有信托公司发行的信托投资计划、有限合伙制公司发行的投资计划、券商集合资产管理计划以及公募基金的专户理财计划。

（一）信托公司发行的信托投资计划

信托公司是目前传统阳光私募基金最主流的发行通道。据统计，目前市场上正在运行的阳光私募基金中，有 94.2% 的基金是通过信托公司发行的。信托制的阳光私募基金必须依据银监会《信托公司集合资金信托计划管理办法》设立，由银监会负责基金设立和日常监管。投资者认购信托制的阳光私募基金，实质上是与信托公司签署信托合同。

信托制的阳光私募基金具有较强的合法性与规范性，在基金运行期间，由信托公司负责监管资金的运作情况，监督资金的运用是否符合信托合同的约定条款，以及按时披露基金净值等。在产品成立、投资顾问发生变更、基金提前清盘等情况发生时，信托公司都需要在网站上发布公告。

通过信托平台发行的阳光私募基金投资范围包括 A 股股票、基金、债券、逆回购、银行存款等。自 2011 年 7 月起，通过指定信托公司（如外贸信托、华润信托等）发行的阳光私募基金还可投资一定比例的股指期货以对冲系统性风险。

尽管信托制的阳光私募基金较公募基金投资更加自由，具备更多优势，如仓位范围可在 0~100% 灵活调整、可集中持有个股等，但是它仍存在诸多限制。

1. 信托制的阳光私募不允许投资商品期货、黄金、外汇、国外股票等投资标的，以及不得参与融资融券业务，这成为创新型策略的基金通过信托平台发行最大的阻碍
2. 信托合同仍有重仓个股不得超过一定比例的限制，如最大重仓股持有比例不得超过 20%
3. 投资金额低于 300 万元的投资者不得超过 50 人，这在一定程度上缩窄了客户的来源
4. 大部分信托资产计划会规定清盘线，一方面保护了投资者的利益，另一方面在市场条件不好的情况下也剥夺了基金精力等待业绩翻身的机会

（二）有限合伙制公司发行的投资计划

由于阳光私募的业务模式正在不断创新，有限合伙制的私募基金则越

加流行。合伙制基金是指由普通合伙人（投资公司）和有限合伙人（投资者）共同组建的一支私募基金。相比较信托制的阳光私募基金，有限合伙制的基金更加灵活。

1 **成立门槛降低**

据 2007 年 6 月 1 日实施的《中华人民共和国合伙企业法》，有限合伙企业只要由 2 个以上 50 个以下合伙人设立就可以成立，而没有信托私募基金那样 3000 万元的规模下限限制

2 **成本较低**

由于有限合伙基金不需要通过信托公司成立，而直接用公司自己的账户来投资，从而减少了管理环节，避免了资源浪费。更为重要的是合伙企业不作为经济实体纳税，其净收益直接发放给投资者，由投资者作为收入自行缴纳个人所得税

3 **认购门槛降低**

信托制的阳光私募基金最低认购门槛为 100 万元，而目前合伙制的产品认购门槛可低至 30 万元

4 **投资范围限制较少**

有限合伙制的阳光私募投资范围限制较少，可以参与商品期货、黄金外汇、融资融券与海外市场的投资

随着阳光私募行业的发展壮大，单边股票做多的投资策略已经不能满足投资者的需求，越来越多创新型策略的基金倾向通过有限合伙发行，寻求新的投资方式，如套利、多空对冲、海外资产投资等。然而，缺乏了信托公司与银监会的监管，有限合伙制的基金存在着信息披露不及时以及资金挪用的道德风险等问题，需要未来法律的进一步完善解决。

（三）券商集合资产管理计划

2012 年 12 月 27 日，重阳投资与国泰君安证券合作，发行了业内第一只券商集合的私募基金——国泰君安君享重阳，拉开了券商与阳光私募正式合作的序幕。与券商集合理财产品不同的是，通过券商通道发行的私募基金的投资顾问是阳光私募管理公司，而券商集合理财产品的投资顾问是证券公司。

券商能够超越信托成为阳光私募基金的合作伙伴，是因为券商具有以下优势。

1 发行费用较低

券商通道的发行费用普遍低于信托通道的发行费用。尽管目前信托账户开户管制逐渐放开，信托平台的费用也在逐步降低，但大型券商的管理费一般可以低至 0.1%，小型券商甚至可以不收取管理费，仍远远低于信托平台

2 投资范围较广

投资范围不受限制，可参与商品期货、利率远期、利率互换、信托计划、股指期货、融资融券等多种投资标的，且比例十分宽松

3 提供的服务更多

券商能够更好地为私募提供相关服务，这也是阳光私募公司最看重的一点。除了产品通道外，券商还可以在产品设计、研究服务、未来的衍生品交易等方面提供更好的支持，为阳光私募提供了强有力的外援

4 全方位的销售服务

信托公司本身并不具备销售的能力，提供的往往只是一个平台和法律合规的身份，而证券公司具有强大的网点优势、长期建立的良好的销售团队、丰富的客户资源以及理财产品后续服务的经验，这些都为阳光私募基金的募集带来了极大的帮助，券商和私募的合作也将越来越紧密

尽管券商资管通道的私募基金有诸多好处，但其最大的风险在于私募

公司和证券公司的合作难逃利益勾兑以及输送之嫌，需要建立完善的防火墙制度以及更完善的监管制度。

（四）公募基金的专户理财计划

目前有少数的阳光私募基金借助公募基金“一对一”专户理财的通道发行，例如创赢投资在2012年6月发行的创赢5号。相比较信托制的阳光私募，专户阳光私募基金管理发行费用更低，投资范围更广，且投资者人数上限为200人。通过公募专户理财成立的私募基金监管也较为严格，并且在发行上可借助公募基金的品牌效应，有助于资金的募集。

另外，部分投资于定向增发股票的阳光私募基金（如博弘定增系列的部分基金）倾向于通过公募理财专户发行产品，其可借公募基金资产包成功申购优质上市公司的定向增发股票。但是该平台也有一些缺点，如专户阳光私募的开放日为每季度至多开放一次，信息披露并不透明，只对特定投资者披露产品的净值。

随着阳光私募行业的不断发展，其发行平台正向多样化发展。然而各个发行平台均是有利有弊，投资者需要结合自己的投资需求来选择适合自己的基金。

四、阳光私募基金的法律关系

阳光私募基金主要涉及五方当事人：一是委托人，即信托计划的合格投资者；二是受托人，即信托公司；三是投资顾问，即投资公司或资产管理公司；其余两方分别是负责资金托管的托管银行和负责证券托管的证券公司。

阳光私募基金在运作中主要涉及三层法律关系，弄清这些法律关系，可以明确当事人之间的权利义务关系，避免产生不必要的风险。

（一）第一层法律关系

第一层法律关系存在于投资者与信托公司之间基于信托合同而产生的信托关系。在信托法律关系中，投资者是委托人，信托公司是受托人。一般情况下，信托合同中通常会约定投资者是一般受益人，而投资公司或资产管理公司是特定受益人，特定受益人有权根据信托合同获得超额业绩提成。

投资者与信托公司之间的权利义务关系，按双方签订的信托计划合同约定执行。同时由受益人组成的受益人大会行使对受托人监督的职能，以确保阳光私募基金的运作符合投资者的利益。

（二）第二层法律关系

第二层法律关系存在于投资公司或资产管理公司与信托公司之间的投资顾问关系。在这种法律关系中，投资公司或资产管理公司接受信托公司的聘任，向信托公司提供证券组合、交易建议书、公司研究报告、宏观经济分析报告、证券市场分析报告、投资策略报告、信托产品投资运行情况报告及风险控制与净值管理报告或根据信托公司要求提交其他报告或服务等。

（三）第三层法律关系

第三层法律关系存在于信托公司、银行以及证券公司之间的三方托管关系。信托公司将集合资金信托计划募集的资金交由银行托管，而投资的证券则由证券公司托管。同时托管人对信托公司有监督权，当信托公司违反法律法规、保管协议操作时有权通知信托公司纠正，当出现重大违法违规或发生严重影响信托财产安全的事件时，托管人应及时报告银监会。

但是需要明确的一点是，投资者与投资顾问、证券公司及银行之间没有直接的法律关系。

五、阳光私募基金相关机构

中国的阳光私募基金相关机构主要有进行私募投资活动的阳光私募基金管理公司和发行阳光私募的信托公司构成。阳光私募基金管理公司有专门的投资人才，而信托公司拥有专门的基金销售渠道，两者是相辅相成，相互依存的关系。

（一）国内主要的阳光私募基金管理公司

1. 星石投资

北京市星石投资管理有限公司（原深圳市星石投资顾问有限公司）成立于 2007 年，是目前国内最大的阳光私募基金公司之一，旗下私募基金数量超过 30 支。

自 2007 年成立至今，星石投资依靠独特的“长周期对冲理论”，虽历经 2008 年和 2011 年两轮熊市，但却连续 5 年实现正回报，在同期指数被腰斩的情况下，星石产品业绩增长近 60%，成功实现了对冲风险后的绝对正收益。星石投资因此蝉联三届《中国证券报》“金牛阳光私募管理公司”奖，也是首届晨星对冲基金奖独家获得者。

2. 凯石投资

上海凯石投资管理有限公司是由雅戈尔集团与投资界一批专业人士基

于共同的经营理念成立的综合性投资管理机构。公司注册资本10亿元人民币，雅戈尔集团占70%，公司管理团队占30%。

公司自2008年10月成立以来，专业从事资产管理、股权投资和管理、投资咨询、财务顾问等综合性投资管理业务，资产管理规模已达100亿元人民币，是国内迄今最大的私募投资管理公司之一。

3. 朱雀投资

朱雀投资成立于2007年7月2日，由国内投资界资深专业人士发起设立，是新修订的《中华人民共和国合伙企业法》在2007年6月1日生效后成立的上海首家有限合伙企业，初始注册合伙资金超过1亿元人民币。

朱雀投资的普通合伙人团队由中国资本市场优秀投资团队和部分在投资银行领域和证券法律事务方面具备多年管理经验和人脉资源关系的合伙人构成。有限合伙人则由具有金融、地产、IT、消费等产业领域背景的投资者构成。

朱雀的业务范围包括证券投资、实业投资、投资管理和投资咨询等。上海朱雀投资发展中心（有限合伙）坚持价值投资，倡导“长线人生、长线投资、快乐工作”的投资理念，努力通过精细研究、确定投资、敏感勤进的工作方法营造投资与生活的自由天地，由于在阳光私募行业的突出贡献，2011年朱雀投资被格上理财评为五星私募基金公司。

4. 赤子之心

赤子之心资产管理有限公司是根据开曼群岛的《公司法》成立的有限责任公司，并根据《证券投资商业法（修改）》豁免牌照许可。赤子之心资本亚洲有限公司是成立于中国香港的有限责任公司，并获得香港证监会颁发的第一类、第四类及第九类牌照，从事“证券交易”“就证券提供意见”及“提供资产管理”业务。

赤子之心是一家采取价值投资方法，投资于环球企业的资产管理人，赤子之心的投资分析源于自主的深度研究。自赤子之心成立以来，永远坚守信托责任，坚持基本面研究，最终令投资者取得资本的长期回报。

5. 广州长金投资

广州长金投资管理有限公司成立于2007年11月，注册资本3000万元。目前公司证券实业资产管理规模已超过50亿元，并已发行了长金系列信托理财计划，且均取得超额绝对收益回报。公司的发展目标是3~5年内资产管理规模达到100亿元，成为国内一流的资产管理公司，为客户谋求满意的投资回报，实现个人、企业和社会的价值最大化。

公司投研团队拥有多名具多年证券从业经历的高级管理人才及实业资深研究人员，他们具备多数证券投资人士所不具备的实业投资管理背景，在相关行业从事过财务分析、资金管理等职务，大多具有企业基本面研究和价值评估能力，也能比市场更早地把握和发现投资机会，为公司在行业、企业上的研究与调研提供了较大支持。

6. 新价值投资

广东新价值投资有限公司成立于2007年8月，是一家以资产管理为主业的专业投资机构，公司经营以“稳健经营、规范管理、发现价值、创造财富”为原则，以价值投资为核心投资理念。

公司现有多项管理型证券投资集合资金信托计划，在团队决策核心仓位和核心股票的基础上，由多位基金经理共同管理。公司核心成员来自于国内大型券商和投资机构，证券从业经历十多年，具备丰富的投资管理和市场研究经验。

公司按照《公司法》的相关规定，设立了由股东大会、董事会和高级管理层构建的现代股份制公司治理架构，各方按照公司章程赋予的职责依法独立运行，履行各自的权利和义务。

7. 重阳投资

2001年12月，上海重阳投资有限公司成立。2009年6月，专注于资产管理业务的上海重阳投资管理有限公司（重阳投资）成立。2014年7月，重阳投资改制为股份公司，注册资本为2亿元人民币。

重阳投资是目前国内A股管理规模最大的私募公司，其资金管理规模已达到200亿元。重阳投资在2014年发行超过50支新基金（含33支子基金），成为当年发行产品总数最多的私募公司。其中仅“外贸信托——重阳对冲2号”单支产品的规模便有50亿元。

基于资产管理行业的特殊属性，重阳投资自成立起即采用合伙模式经营，合伙人会议是公司的最高决策机构。经过多年积累，重阳投资已拥有一支既富理论造诣又经市场锤炼的投研团队，投研员工超过30人。2009–2013年，重阳投资连续五年被评为“金牛私募基金管理公司”。

8. 淡水泉投资

淡水泉投资管理有限公司成立于2007年，是中国知名的私募证券基金管理公司之一。公司成立之初即布局海外，发起设立了淡水泉海外对冲基金，成为目前国内少数几家同时管理国内和海外产品的私募基金公司之一。公司目前的资产管理规模约80亿元，其中有35亿元来自海外机构投资者。

公司同时开展私募证券基金、海外对冲基金、机构专户等业务，客户群体包括全球高净值个人客户以及养老金、主权财富基金、银行资产管理等大型机构客户。公司在北京、香港、深圳三地设有办公室。

（二）国内主要发行阳光私募基金的信托公司

1. 华润深国投信托

华润深国投信托有限公司（简称“华润深国投信托”）成立于1982年，

注册资本为26.3亿元，注册地为深圳。公司前身是有“信托行业常青树”之称的“深圳国际信托投资有限公司”。华润深国投股东分别为华润股份有限公司和深证市国有资产监督管理局，是华润集团旗下骨干企业。

2. 平安信托

平安信托投资有限责任公司成立于1996年7月2日，是中国平安保险（集团）股份有限公司的控股子公司。2002年2月，平安信托经中国人民银行批准重新注册登记，成为全国第一批获准重新登记的信托投资公司之一。

平安信托注册资本达69.88亿元，是目前国内注册资本最大的信托公司，其拥有专业化的国际管理团队、稳健的经营理念以及卓越的品牌价值，被银监会评定为首批A类信托公司。

到目前为止，平安信托代管理资产超过32亿元。平安信托可以为客户提供基于下列本外币信托业务的产品。

- 资金信托业务
- 动产、不动产及其他财产的信托业务
- 投资基金业务
- 公益信托业务
- 租赁信托业务
- 企业资产的重组
- 购并及项目融资
- 公司理财
- 财务顾问等中介业务等

3. 华宝信托

华宝信托有限责任公司成立于1998年，注册资本37.44亿元，是宝钢集团有限公司旗下的金融板块成员公司。宝钢集团有限公司持股98%，浙江省舟山市财政局持股2%。2011年1月，华宝信托注册资本金增加至20亿元（含1500万美元）。旗下控股华宝兴业基金管理有限公司（中法合资）。

1998–2012年，华宝信托累计为客户实现收益315亿元，截至2014年年底，受托管理的信托资产规模达4914.63亿元。

六、阳光私募基金的购买流程

阳光私募信托一般不做公开广告，一般的投资者都是将自己获知产品信息的来源作为购买渠道。那么，阳光私募基金的购买流程是怎样的呢？

（一）购买前准备

投资者要全面了解这个私募基金的性质和操作风格，包括投资管理人的团队组成、过往业绩以及托管银行、信托公司和证券公司的实力等。

（二）签署信托基金认购合同

仔细阅读信托基金认购合同和信托计划说明书，认同并无异议以后签署合同，合同一式两份。

此时要注意一点，合同上一般需要填写你要汇款的账户，并预留以后赎回资金要回到的账号。很多信托公司要求打款账户、信托合同签署人以及最后的回款账户必须是同一个同名账户。

（三）银行汇款

填写完对方账户名、对方开户行、汇款金额以后，注意在备注栏或者是汇款用途栏注明“某某认购 ×× 信托计划”。

汇款原件要保留好，并复印两份保存。这是确认您成功加入信托计划的重要凭证。另外，一般的阳光私募基金会有另外 1% 左右的认购费，这样比如您认购了 100 万元，您汇款的时候就需要汇 101 万元。

银行汇款需要提供以下证明文件：

- 委托人的身份证原件及复印件；
- 汇款账户原件及复印件；

- 汇款单复印件等。

一般这些复印件上都要求由本人签字并按手印确认。

（四）确认合同和份额

信托公司在收到所有资料以及确认认购资金和认购费到账后，会通知银行将认购人的信托资金认购为信托单位，并在私募基金认购结束后 10 个工作日左右向信托基金认购人寄送信托公司盖完章的合同，以及信托加入确认函等文件。

这样整个信托基金认购流程就算完成了。成功加入以后，一般在投资管理公司的网站（个别投资公司并没有开设自己的网站）、信托公司的网站以及一些大的专业私募基金网站和报纸中都会定期公布信托基金的最新净值，有的是一周一次，也有些是一个月一次。有些投资管理公司还会定期通过手机向客户发送产品的最新净值。

附：购买阳光私募基金流程案例

以好买基金网的阳光私募基金购买流程为例具体说明。

1. 预约：客户向好买基金理财顾问预约要购买的私募基金产品。

2. T–3 日：好买理财顾问指导客户填写合同，并向银行指定账号汇款（T 日）。

3. T–1 日：好买帮助客户确认汇款到账。

4. T 日：新产品最后缴款日，老产品开放日。

5. T+5 日内：好买基金理财顾问帮助客人确认认购是否成功。

6. 合同生效：信托计划成立，信托公司一般在 20 个工作日后将合同和份额确认单交至客户。

七、购买阳光私募基金的手续费用

投资管理公司、信托公司、证券公司和托管银行四方都可以销售阳光私募产品。购买私募基金一般会涉及几项费用，包括认购费、赎回费、固定管理费、浮动管理费、业绩报酬费。

（一）认购费

购买阳光私募基金通常需要缴纳 1% 的认购费，价外收取，即投资者购买 100 万元的阳光私募基金，需要向银行账户汇入 101 万元。

（二）赎回费

绝大多数私募基金设有赎回封闭期和准赎回封闭期，其中赎回封闭期一般为产品成立或投资者认购后 1~6 个月，期间不允许赎回；准赎回封闭期一般为产品成立或投资者认购后 7~12 个月，期间允许赎回，但通常需缴纳 3% 的赎回费，即赎回费＝赎回资金 × 3%。

（三）固定管理费

阳光私募基金每年需要缴纳 1.5%~2% 的固定管理费用，这部分费用包含信托管理费、银行托管费、律师费等一系列在私募基金日常运作中产生的费用。

该费用通常按日计提，直接从信托总资产中扣除，投资者看到的基金净值已经扣除该费用。

（四）浮动管理费

私募基金管理人通常收取 20% 的浮动管理费（业绩报酬），该费用的提取方法是产品净值在创历史新高后，提取创新高部分的 20% 作为对私募基金管理人的激励，这部分费用从信托资产中直接扣除。

（五）业绩报酬费

固定管理费和托管费比较简单，不同的公司产品只要比一下就明白高低。但是业绩报酬费的收取却比较复杂，其具体收取水平和收取频率是有关系的。频率越高，对投资人越不利；但太低的频率，有可能使私募管理人失去做好业绩的动力和生存的基础，因此投资人也不能过于看重费用。

通常来说，越是好的私募基金越倾向于市场化的费用，这也符合市场经济中大公司与小公司呈阶梯递减收费的惯例。

八、阳光私募基金的投资误区

很多时候投资者选购基金没有赚到钱，是因为一些错误的观念导致他们做出了错误的决定，买了不该买的基金，或者申购或赎回的时机不对等。因此，投资者只有树立正确的投资理念，走出投资误区，才能更稳定地投“基”赚钱。

（一）只要收益高的阳光私募基金都可以买

由于每位投资者都有着不同的风险收益偏好，因此投资者在面对不同投资风格的阳光私募基金时若不顾自己的风险偏好而随意挑选基金，投资结果往往是失败的。例如保守型的投资者买入激进型的基金后，心情就会在基金净值大起大跌的波动中备受煎熬，最终无奈赎回。

无论是激进型还是保守型投资者，在选择阳光私募基金前需了解自己的风险承受能力，再结合自己的风险偏好选择适合自己风格的基金。也就是说，投资者在挑选基金时需要考评风险调整后的收益，而不是仅看收益的绝对值而盲目错配了基金。

（二）投资阳光私募只选短期排名靠前的基金

仅以短期业绩排行榜作为选择阳光私募基金的唯一标准并不科学。阳光私募基金暂时的排名靠前可能由于其投资风格激进，甚至有着偶然的运气因素，并不绝对意味着基金经理有较好的投资能力。据统计，现存的几千只阳光私募基金中，当年业绩排名在前 100 位，次年能够保持的只有 50%，两年后只剩下 31%，三年后仅有 10%。

因此投资者不仅仅要关注基金短期业绩的爆发，还要看其长期业绩的稳定性，以及业绩背后的驱动因素是否可持续。

（三）明星基金经理管理的阳光私募一定好

虽然不少明星基金经理来自实力派的公募基金以及大型券商，背景光鲜，过往投资业绩辉煌。但对于刚刚成立阳光私募公司的明星基金经理来说，通常面临着失去强大投研团队支持、需牵扯更多精力考虑公司运营等问题，投资业绩可能会受到较大影响。因此，投资者最好对明星基金经理新成立的基金考察一段时间再做决定。

（四）净值越高的基金说明基金经理投资能力越强

基金净值的高低受到四个因素的影响。

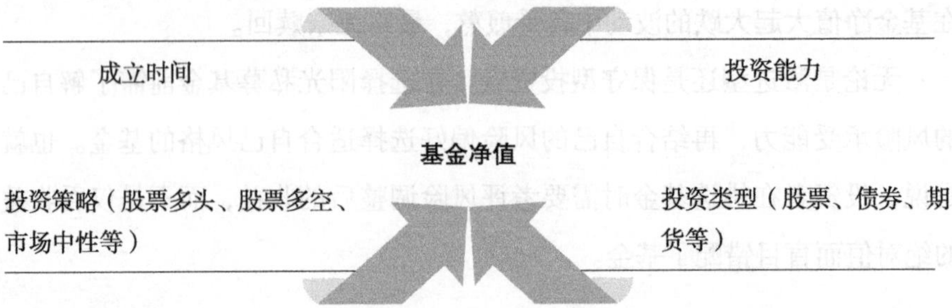

成立时间不同、风格策略不同的基金不宜简单地用净值来比较其投资能力。因此，投资者在比较不同基金产品时应当将同一时期成立且投资类型相同的基金作对比。

（五）净值高的阳光私募上涨空间小于净值低的私募

阳光私募净值的高低与其未来的收益空间并不存在着因果关系，不同的净值水平仅反映了目前该阳光私募基金净资产的市场价值。真正决定阳光私募未来收益高低的是基金经理的投资能力。

（六）阳光私募公司规模越大说明投资能力越强

阳光私募公司资产管理的规模越大，并不一定意味着该公司的实力越强，反之亦然。阳光私募公司的管理规模需要与其投资策略、投研团队、基金经理的企业管理能力等多方面相匹配。例如趋势投资、套利投资的策略，随着基金规模扩大，收益空间会逐渐减少。大型私募公司的业绩通常比较稳健，中小规模的私募公司通常操作灵活、爆发性强。

投资者应当根据自己的风险收益偏好合理选择私募基金，公司的管理规模并不是选择基金最重要依据。

（七）二级市场表现不好时，不适合购买阳光私募基金

阳光私募基金的优势在于仓位灵活、操作灵活，可以选择多种投资工具对冲市场风险，追求绝对回报。因此无论是在熊市、平衡市还是牛市中，都会有表现出色的阳光私募基金为投资者获取收益。

（八）买阳光私募靠低买高卖获取收益

基金的优点是分散风险，但同时也平滑了收益。过于频繁地交易基金面临着不菲的成本费用，例如认购费、投资顾问管理费、银行托管费、准封闭期内的赎回费等，从而不断地摊薄了已获得的收益。

投资者若投资阳光私募基金，就要选择真正优秀的基金进行长期的投资与持有，而不能用赌博的心态来“炒”基金。

（九）配置一支最优秀的基金即可坐享收益

尽管基金采用了“一揽子股票”的策略，弱化了单支股票亏损的风险，但是并没有完全规避掉市场下跌带来的系统性风险。每支基金由于其秉承一种特定的投资策略，因此都有其适合和不适合的市场环境，仅投资一种基金并不能直接地坐享收益，因为并不存在万能的基金经理可以战胜各类市场条件。

因此投资者应配置不同类型风格的基金以适应不同的市场环境。

（十）认同某一位基金经理的投资理念，坚信他管理的基金业绩一定会好

好的投资理念只是取得优异业绩的必要条件而不是充分条件。投资者在选择基金经理时除了考虑他的理念之外，还需要考察以下几个方面。

1. 详细考察基金经理的投资理念是否切实落实到实际操作中，言行是否一致
2. 基金经理的投资理念是否适应当前的市场环境
3. 综合考察经理的投资状态、公司是否运作良好、投研团队是否稳定等多方面因素

九、阳光私募基金风格分类

投资者在选择阳光私募基金时的一个基本核心思想是：所选择的产品风格在某种程度上需要尽量符合个人的风险收益属性。那么，如何划分产品的风格呢？目前行业内没有相对统一的标准来划分私募基金风格，此处仅从产品的风险收益属性角度，基于基金的历史业绩将所有的私募基金投资风格分成三类：进取型、平衡型、保守型。

（一）进取型私募基金

进取型基金是投资风格介于激进型和稳健型之间的一种投资基金，其投资标的股票以小盘股为主，投资目的是在风险尽可能小的前提下，使利润达到最大化。

进取型私募基金具有以下特点。

1 无论牛熊市，投资仓位一般较高

2 持股集中，重仓股占整体仓位的比例一般会达到 20% 的上限

3 净值波动大。上涨市投资业绩大放异彩，下跌市净值回调一般不超过 30%

进取型私募基金适合高风险承受能力的投资者，并且适合在上涨市初期配置。

（二）平衡型私募基金

平衡型基金是指以既要获得当期收入，又追求基金资产长期增值为投资目标，把资金分散投资于股票和债券，以保证资金的安全性和盈利性的基金。

平衡型私募基金具有以下特点。

1 投资仓位灵活调整，上涨市高仓位运作，下跌市低仓位运作

2 持股相对均衡，只有极少个股占整体仓位的比例能到 20%

3 净值波动不大，上涨市一般跟涨大盘，下跌市净值回调一般不超过 15%

平衡型私募基金适合中等风险承受能力的投资者，一般可以做到进可攻、退可守。

（三）保守型私募基金

保守型基金是指把追求资金的安全性放在第一位，投资风格较为保守的基金，其风险一般低于股票型基金，收益高于债券型基金。

保守型私募基金具有以下特点。

1 整体投资仓位较轻，只参与确定性强的投资机会

2 持股较为分散，重仓股占整体仓位一般低于 10%

3 净值波动小，熊市下跌幅度一半小于 5%

保守型私募基金适合低风险承受能力的投资者，在承受低风险的同时，投资者可以较好地分享 A 股市场的投资收益。

第九章

私募股权投资基金投资策略解析

私募股权投资是一项专业性很强的投资，选择何种投资策略事关整个投资运作的成败。私募股权投资的策略主要有尽职调查策略、投资行业策略、项目挖掘策略、联合投资与独家投资策略等。

一、私募股权投资基金的尽职调查策略

近年来本土私募股权投资基金行业内大多数机构似乎都贴着同样的标签：以综合性基金为主，投资阶段为 Pre-IPO，关注的行业以医药健康、节能环保、先进制造、TMT 为主，项目来源为业内资源、中介机构介绍等。

机构同质化，没有鲜明的特点，造成的结果是优质项目遭遇争抢，市场秩序被扰乱。这已经成为制约私募股权投资基金行业发展的重要因素之一。其实在本土私募股权投资基金机构中，已有一部分一线机构形成了自身独特的投资策略。

尽职调查是私募股权投资基金机构对项目形成初步投资意向之后必须完成的重要工作，主要是对该企业在资产、财务、法律、公司治理等各个方面进行全面、深入、细致的调查。

尽职调查为判断企业的价值提供依据，是私募股权投资基金投资环节中的重要部分。不同的私募股权投资基金机构根据其投资规模、投资节奏、成本控制的不同在尽职调查方面会采用不同的策略。

（一）外包给第三方机构

由于尽职调查工作非常庞杂且专业性极强，大部分的私募股权投资基金机构会选择将尽职调查工作外包给第三方机构。这里的第三方机构主要

包括会计师事务所、律师事务所、资产评估机构等。其中，会计师事务所主要负责企业的财务审计，律师事务所主要负责企业的法律合规性调查，资产评估机构主要负责对企业资产的公允价值进行评估。

第三方机构通常具有成体系的工作方法和大量的项目尽职调查经验，能够出具专业的尽职调查报告。一般来说，中小规模的私募股权投资基金机构基本都会选择外包，这样既可以节约成本，又可以获得全面完整的尽职调查成果。

但是，外包策略也有不足之处，这主要体现在两个方面。

1. 效率受限

根据被调查企业的情况，第三方机构完成尽职调查的时间在 1~3 个月不等。有时会跟不上私募股权投资基金机构的投资节奏，尤其在几家机构同时竞争一个项目时，尽职调查的效率尤为重要。

2. 容易产生道德风险

由于外包机构只是收取固定费用，该项目投资成功与否与这些机构的利益不直接挂钩，因此可能产生道德风险。为了规避风险，大部分私募股权投资基金机构会选择有公信力和品牌效应的第三方机构，如会计师事务所的选择上一般会以四大会计师事务所为主。

（二）自主开展尽职调查

自主开展尽职调查因为需要雇用专门人才，所以成本较高。但对于投资项目多、节奏快的私募股权投资基金机构来说，能够产生规模效应。而且私募股权投资基金机构能够掌握主动权，充分地保证尽职调查效率，一般在 2~4 周即可完成。

另外，由于不借助第三方机构，项目的保密性得到保证。在优质项目资源稀缺、竞争激烈时，自主尽职调查的优势充分的体现出来。但是，在私募股权投资基金市场降温、投资节奏放慢的情况下，一些雇用庞大尽职调查团队的私募股权投资基金机构难免成本过高，面临裁员问题。

因此，为了避免在人员上盲目扩张，一部分机构采用更加灵活的自主和外包相结合的策略。

二、私募股权投资基金的投资行业策略

近几年私募股权投资基金机构普遍看好的行业有移动互联网、清洁技术、生技健康等。由于投资团队擅长领域及对行业前景认知不同，不同私募股权投资基金机构所偏重的投资行业也不同。

根据公开资料，综合考虑私募股权投资机构近几年的投资和退出表现，机构的投资策略可以分为两种：一是多领域投资，多产业布局；二是重点投资某一领域。

（一）多领域投资，多产业布局

一些主流私募股权投资基金机构因综合实力较强，投资管理团队在多行业经验丰富，且有过往优秀的投资业绩作保证，其往往会采取多领域投资，多产业布局的投资策略。

采取这种投资策略的机构，或成立时间较早，或源自国外知名风投，或是国资参股的综合投资机构。

多领域投资的私募股权投资基金机构有影响力的投资案例详见下表。

多领域投资私募股权投资基金机构投资案例

机构简称	投资企业名称（退出账面回报倍数）
同伟创业	亚太科技（10）、轴研科技（5.79）、达安基因（2.38）、当升科技（26.82）
红杉资本中国基金	聚美优品（88）、百奥家庭互动（34.12）、诺亚财富（36.31）、乾照光电（11.42）
软银中国	淘宝网、有利网、当当网、UT 斯达康、迪安诊断（3.95）
纪源资本	兆日科技（20.34）、冠昊生物（13.00）
深圳创新投	欧菲光（10.67）、当升科技（26.82）、潍柴动力（11.14）、兆驰股份（16.22）
达晨创投	亿纬锂能（7.05）、和而泰（43.70）、圣农发展（14.58）、兆日科技（10.22）
君联资本	易车网（13.27）、联信永益（39.46）、合康变频（9.76）
经纬中国	理邦仪器（10.81）、猎豹移动、陌陌、友盟、安居客

（二）重点投资某一领域

采取这一策略的投资机构一般有着独特的产业背景，或公司发展即定位为专注某一行业。

这类投资机构以天图资本、秉鸿资本、高特佳为代表。天图资本专注于投资品牌消费品企业，所投消费品企业涵盖了医疗健康、文化教育、食品饮料等消费品类。秉鸿资本从成立就确立了以现代农业作为重要投资方向，且多年来一直坚持在该领域精耕细作，投资出了多家知名企业。高特佳则专注于医疗健康行业的投资，其投资项目的 80% 以上属于医疗健康行业。

重点投资某一领域的私募股权投资基金机构有影响力的投资案例详见下表。

重点投资某一领域的私募股权投资基金机构投资案例

机构简称	投资企业名称（退出账面回报倍数）
天图资本	慈铭体检、福奈特、百年栗园、周黑鸭
秉鸿资本	好想你枣业（7.71）、中地种畜
高特佳	博雅生物（7.88）、迈瑞医疗
青云创投	迪森股份、江西赛维、中华水电公司

总体来看，采取多领域投资策略的投资机构为多数，专注某一投资领域的机构相对较少，主要原因是若机构专注于某一行业，投资灵活性会受到制约。

一方面，因不同时期国家政策、行业发展周期等对行业的影响较大，若某一行业开始不景气，而投资机构也无其他行业的人才及经验储备，这种情况对相应的私募股权投资基金机构来说是很不利的。

另一方面，热门投资行业总会引来众多私募股权投资基金机构争相投资，而且具备投资者兴趣浓厚、项目多、退出渠道广、高收益概率大等特征，此时专注某一行业的投资机构则需要灵活变通投资策略。

三、私募股权投资基金的项目挖掘策略

项目挖掘是私募股权基金投资环节中最重要的部分。丰富的项目资源是私募股权投资基金机构投资成功的坚实基础。在地大物博的中国，优质企业星罗棋布，层出不穷，能够快速发现、了解、接触项目是私募股权投资基金机构最重要的核心能力之一。

在项目挖掘方面，不同的机构也根据各自的特点进行不同的布局，虽

然许多机构穿插使用各种策略，但大体能够归纳为三类：自主挖掘、借助渠道、利用已投项目上下游资源。

（一）自主挖掘

自主挖掘主要是指私募股权投资基金机构在全国各地设立分支机构，并派驻常驻人员，确保能够第一时间接触到当地的优质项目，这种策略要求私募股权投资基金机构的人员达到一定规模。

在当前的主流私募股权投资基金机构中，九鼎是自主挖掘项目的典型机构。九鼎具有一支庞大的项目经理团队，人数最多时达到 400 多人，根据各省的 GDP 比例分配分支机构人员数量。除九鼎外，同创伟业、达晨创投也在近几年逐步在多个经济发达地区布局分支机构。

自主挖掘项目的优势主要是能够先人一步发现和接触项目，在项目竞争激烈的环境下快速抢占资源。劣势则体现在分支机构设立及人员派驻成本较大，一旦当地项目资源不足，则会形成无谓的成本及资源浪费。

（二）借助渠道：政府、银行、中介机构

私募股权行业是知识密集型而非劳动力密集型行业，对于大多数私募股权投资基金机构来说，借助渠道仍是主要的项目挖掘策略。能够提供优质项目资源的渠道大致有政府、银行和中介机构三类。

1. 与政府合作

其中与政府合作发起成立私募股权投资基金，或引入政府引导基金作为有限合伙人目前较为普遍。各地政府为扶植当地经济积极招商引资，目前与政府合作的基金数量明显增多。在新成立的私募股权投资基金中，与政府合作或有政府投资的基金占到 30%。

与政府合作的优势是可以多方面利用政府在当地的资源，除了项目挖

掘外，与项目方的沟通调研也会顺畅许多；不足是基金的投资地域、行业一定程度上会受到限制。

2. 与银行合作

除了与政府合作外，一些私募股权投资基金机构也选择与银行合作。由于每家企业从诞生开始都要不断地与银行发生联系，银行手中的优质企业资源巨大。

银行背景的私募股权投资基金机构具有先天的优势，如建银国际（建设银行在我国香港设立股权投资公司）就是依托建设银行强大的背景。另外，与商业银行建立战略合作关系是非银行背景私募股权投资基金机构采用的策略，如九鼎与中信银行达成战略合作关系。

3. 与中介机构合作

还有一些私募股权投资基金机构通过中介机构获取项目资源，这种合作模式需要给中介机构付费，增加了成本，因此这种策略基本属于其他策略的辅助和补充。

（三）利用已投项目上下游资源

利用已投项目上下游资源策略通常是指顺着某个优质项目的脉络分别向上游、下游延伸，顺藤摸瓜，找到产业链上的优质项目。最典型的机构是青云创投，因为只专注投资清洁技术领域，之前已投项目上下游有许多待挖掘的项目，并且同属清洁技术行业。

另外，由于青云创投专注在清洁技术领域 10 年，在行业内形成了一定的权威，许多其他私募股权投资基金机构在投资清洁技术项目时通常会参考青云的意见，这也是其项目来源之一。

这种策略的优势在于新挖掘的项目与之前已投的项目有供求关系，与新项目方的沟通接触会顺畅许多。由于是顺产业链挖掘，与其他投资机构竞争也会减少许多。但是，这种策略对于私募股权投资基金机构的专业性要求高，并不是每家投资机构都能够操作。

四、私募股权投资基金联合投资与独家投资策略

联合投资策略是指同时让多个风险投资机构进行同一项风险投资，以分散每一个投资者的风险。对于风险较大、投资额较高的风险项目或创业企业，风险投资机构往往联合其他风险投资机构或个人共同投资。独家投资是指某一项目在某一轮次只由一家私募股权投资基金机构投资。

目前，机构间联合投资已经成为一大趋势。私募股权投资基金机构选择联合投资的主要动因源于风险分散的需要，联合投资可以弥补各自在资金规模方面和在增值服务方面的不足，以及为避免争抢项目推高估值。

（一）联合投资策略

联合投资是许多私募股权投资基金机构尤其是外资私募股权投资基金机构常用的投资策略，主要是指某一项目由多家私募股权投资基金机构在同一轮次共同投资，这些机构由 1~2 个领投机构和数个跟投机构构成。

最典型的联合投资案例是知名互联网公司奇虎 360。从 2006 年开始，奇虎 360 先后获得了红杉、鼎晖、高原、红点、Matrix 和 IDG 等私募股权投资基金机构 6 轮投资。以第一轮投资为例，由鼎晖和红杉领投，IDG 资本、GMO 和晋汇投资跟投，总投资额为 1400 万美元。

领投机构通常是项目的挖掘者，在投资流程中起主导作用，在对项目的投资决策、接洽、估值、尽职调查中扮演主要角色。跟投机构则是投资的参与方，可对投资流程提出建议及发挥各自优势，从而使投资过程更加

顺畅。

联合投资主要有以下优势。

1. 分散投资风险

避免投资额过大、投资过于集中于某个项目所带来的风险。

2. 节约投资成本

在优质项目越来越稀缺的当前，多家投资机构同时接触到某一项目的情况越来越多，为了拿到项目的投资机会，这些机构不得不争相抬高投资价格。联合投资使这些机构从竞争对手变为合作关系，可以统一战线与项目方商谈，大大节省了相互竞争产生的不必要投资成本。

另外，在投资过程中沟通、尽职调查等所需的成本由多家机构共同承担，也节省了投资成本。

3. 增加项目确定性

通过多家机构的专业投资人群策群力，对项目充分论证，增加了确定性。

4. 完善项目投后管理

多家机构发挥各自在投后管理方面的优势，对公司股权结构、治理结构、内部管理、发展方向等诸多方面进行指导，帮助项目快速成长。

因为拥有诸多优势，联合投资是目前主流的投资方式，但若参与方过多，相互之间的背景、地域、文化各不相同，则需要大量的磨合时间，会产生不必要的沟通成本和阻碍投资的不利因素。因此，联合投资通常发生在背景趋同、平时交流沟通频繁、关系良好的机构之间。

（二）独家投资策略

与联合投资相对应，独家投资是指某一项目在某一轮次只由一家私募股权投资基金机构投资。这种投资方式通常运用于中早期项目中，因为中早期项目所需融资额通常较小，一家私募股权投资基金机构即可覆盖，无需联合投资。

独家投资中私募股权投资基金机构对项目有完全的主导权，不会因为与其他机构存在分歧而影响投资。但由于没有其他机构共同商议，独家投资对私募股权投资基金机构对项目的挖掘和判断能力要求极高。判断一家私募股权投资基金机构的核心能力，领投和独家投资成功率是一个很重要的指标。

附录 1

私募投资基金募集与转让业务指引（试行）

第一章　总则

第一条

为规范私募投资基金在机构间私募产品报价与服务系统（以下称“报价系统”）的募集、转让，保护投资者合法权益，维护报价系统运行秩序，依据《中华人民共和国公司法》《中华人民共和国合伙企业法》《中华人民共和国证券投资基金法》《私募投资基金监督管理暂行办法》等法律法规和《机构间私募产品报价与服务系统管理办法（试行）》，特制定本指引。

第二条

本指引所称私募投资基金（以下简称“私募基金”）是指在中华人民共和国境内，以非公开方式向投资者募集资金设立的投资基金。私募基金的收益分配和风险承担由私募基金合同、公司章程或合伙协议约定。

在报价系统募集与转让私募基金，适用本指引。

第三条

中证资本市场发展监测中心有限责任公司（以下简称“市场监测中心”）对私募基金在报价系统的募集、转让活动进行日常管理。

第二章　募集与转让

第四条

在报价系统募集私募基金的，基金管理人（以下简称“管理人”）应当在报价系统填写发行注册表，提交公司章程或合伙协议，并通过报价系统向特定参与人披露下列材料。

（一）私募基金合同。

（二）私募基金招募说明书（若有）。

（三）风险揭示书。

（四）委托管理协议（若有）。

（五）市场监测中心规定的其他文件。

管理人委托第三方机构托管私募基金财产的，还应当提交私募基金资产托管协议。

第五条

参与人认购依据私募基金合同成立的私募基金份额的，应当在报价系统中提交认购申报，申报中应当包括私募基金产品代码、产品名称、参与金额等信息。

参与人认缴公司制或合伙制私募基金权益的，应当在募集期内与管理人签署认缴出资承诺书，并在认缴出资承诺书约定的时间范围内履行缴款义务。认缴出资承诺书中应当包含认缴出资金额、认缴时间等内容。

第六条

管理人可以与认购 / 认缴私募基金的参与人在报价系统以电子合同形式签署认购合同或认缴出资承诺书。

第七条

私募基金募集期结束后，满足私募基金募集条件的，管理人应当于募集期满之日起 10 个工作日内确认募集成功并向认购 / 认缴该私募基金的参与人披露本次募集结果信息。

第八条

管理人可以在募集说明书中约定最低募集规模或募集失败的其他情形。

约定募集失败情形的，管理人应当在募集说明书中约定退还认购 / 认缴资金的时间及利息的计算方式。募集说明书未约定的，管理人应当自募集期结束之日起10个工作日内，向认购/认缴私募基金的参与人退还认购/认缴资金及按银行活期存款基准利率计算的利息。

第九条

私募基金合同或招募说明书中约定开放期并在报价系统开放申购、赎回私募基金份额的，管理人应当按照约定提前在报价系统向参与人定向披露该私募基金的开放期、申购和赎回时间、产品净值及申购和赎回原则等相关信息。

接受投资者委托在报价系统代为认购、申购私募基金的参与人应当向其投资者定向披露以上信息。

第十条

在报价系统转让私募基金份额或权益的，管理人应当在报价系统填写转让注册表，说明备案情况，提交公司章程或合伙协议，工商行政管理机构或证监会认可的机构出具的登记证明文件及市场监测中心要求的其他材料，并向特定参与人披露以下材料。

（一）私募基金合同。

（二）招募说明书（若有）。

（三）风险揭示书。

（四）委托管理协议。

（五）委托托管协议（若有）。

第十一条

管理人在报价系统转让私募基金份额或权益的，可以采用协商成交、点击成交等方式。

管理人可以在转让注册时选择一种或多种转让方式，并在报价系统披露。

第十二条

参与人在报价系统转让私募基金份额或权益的，可以在报价系统以电子合同形式签署转让协议。

第十三条

私募基金存续期届满或合伙企业和公司解散的，管理人应当申请终止私募基金的转让。

第十四条

私募基金应当向合格投资者募集或转让，单只私募基金的投资者人数累计不得超过法律法规的规定。

第三章　登记结算

第十五条

依据私募基金合同成立的私募基金在报价系统募集、转让的，可以由报价系统登记结算机构或证监会认可的其他机构办理登记、结算。委托证监会认可的其他机构办理登记、结算的，证监会认可的其他机构应当与市场监测中心签订合作协议，并将登记、结算信息报送报价系统。

公司制、合伙制私募基金的登记应当依据相关法律法规向工商行政管理机构或其他有权机构申请办理。在报价系统转让前，管理人应当将私募基金权益持有人信息报送报价系统；转让后，管理人应当将私募基金权益持有人变更登记结果反馈报价系统。

第十六条

参与人可以在报价系统开立自有产品账户、名义持有产品账户或受托产品账户。其中，自有产品账户用于记载参与人自身持有的私募基金份额或权益；名义持有产品账户用于记载参与人接受合格投资者委托持有的私募基金份额或权益；受托产品账户用于记载参与人管理的基金、资产管理计划等持有的私募基金份额或权益。

报价系统产品账户代码由12位字符组成，其中前3位为“100”，后9位由阿拉伯数字和英文字母组成，优先使用阿拉伯数字，由报价系统自主编制。

第十七条

参与人在报价系统进行资金结算的，应当与市场监测中心签订资金结算服务协议，并开立报价系统资金结算账户。

参与人可以在报价系统开立自有资金结算账户、代理资金结算账户、受托资金结算账户或专用资金结算账户。其中，自有资金结算账户用于记载参与人自有的资金；代理资金结算账户用于记载合格投资者的资金；受托资金结算账户用于记载参与人管理的基金、资产管理计划等的资金；专用资金结算账户用于记载参与人在报价系统发行私募基金募集的资金，以及用于分红的资金。

第十八条

参与人在报价系统申请开立产品账户、资金结算账户的，应当在线填写账户开立申请表。收到参与人提交的申请表后，报价系统在2个工作日内进行确认。

申请开立受托产品账户、受托资金结算账户的，参与人应当在线提交产品设立证明文件，并在开户成功后10个工作日内将产品设立证明文件寄送至市场监测中心，用于资料存档。

第十九条

参与人申请撤销产品账户、资金结算账户的，应当在线填写账户撤销申请表，被申请账户应当同时满足以下条件。

（一）账户内余额为零。

（二）账户无交易申报或成交。

（三）账户无在途或未交收私募产品份额、权益或资金。

（四）账户无未了结的负债或合约。

（五）账户状态正常，无冻结、质押、销户等异常状态。

（六）市场监测中心要求的其他条件。

收到账户撤销申请表后，报价系统在2个工作日内对账户撤销申请进行确认。账户撤销后，参与人应当在10个工作日内将账户撤销申请表寄送至市场监测中心。

第二十条

在报价系统募集、转让的私募基金可以采取名义持有模式。参与人应当与合格投资者签署名义持有协议，明确双方的权利义务关系。参与人应当依据约定行使产品持有人相关权利，不得损害合格投资者权益。

参与人应当为每个合格投资者开立产品账户，分别记录每个合格投资者拥有的权益数据。参与人应当向报价系统报送合格投资者产品账户注册资料、账户余额、权益明细数据变动记录等信息，信息报送遵守报价系统相关规定。参与人应当保证其报送信息的真实、准确、完整。

合格投资者产品账户代码由12位字符组成，其中前3位为参与人代码，由报价系统统一分配，后9位由阿拉伯数字和英文字母组成，优先使用阿拉伯数字，由参与人自主编制。

第二十一条

参与人在报价系统认购、受让私募基金份额前，应当开通结算编号，每个结算编号对应唯一的资金结算账户。受托结算编号与自营结算编号分别对应受托资金结算账户与自有资金结算账户，代理结算编号同时对应代理资金结算账户和名义持有产品账户。参与人提交私募基金份额认购、申购、赎回、受让、转让等交易申请时，应当选择结算编号。

第二十二条

公司制、合伙制私募基金在报价系统募集的，报价系统对认缴人的认缴情况进行记录。发行期结束后，报价系统向发行人提供认缴人、认缴数量等。

第二十三条

委托报价系统登记结算机构登记的，管理人应当与市场监测中心签订登记服务协议。

依据私募基金合同成立的私募基金在报价系统募集的，管理人应当在募集前5个工作日向报价系统登记结算机构提交登记要素表等材料；募集期间，报价系统登记结算机构对认购申报进行记录，并在募集成功后出具私募基金登记证明文件。

第二十四条

委托报价系统登记结算机构办理登记的私募基金在报价系统转让的，报价系统登记结算机构依据成交结果办理变更登记。因司法扣划、行政划拨、继承、赠与、法人合并、分立等原因发生转让的，报价系统登记结算机构依据相关信息办理变更登记。

第二十五条

委托报价系统登记的，报价系统登记结算机构依据申请为提前或到期终止的私募基金办理注销登记，并由市场监测中心与管理人签订私募基金登记数据资料移交备忘录，将持有人名册清单等私募基金份额或权益登记相关数据和资料移交管理人。

前款所称持有人名册清单包括私募基金代码、参与人姓名或名称、产品账户代码、有效身份证明文件号码、参与人通讯地址、产品持有数量、托管机构、限售情况、司法冻结状态、质押登记情况、未领取红利等内容。

第二十六条

委托报价系统登记结算机构办理结算的，报价系统不作为共同对手方介入双方交易的交收。报价系统登记结算机构依据成交结果办理参与人之间私募基金份额或权益和资金的清算与交收；参与人与合格投资者之间的清算与交收，由其自行约定和办理。

参与人可以采用全额清算、净额清算等清算方式；可以采用货银对付、见券付款、见款付券以及纯券过户等交收方式；可以采用日终批次交收等交收期安排。

在交收时点前，参与人可以通过中国证券登记结算有限责任公司、商业银行、第三方支付机构或证监会认可的其他机构向报价系统资金结算账户划转资金，确保交收时点资金充足。在报价系统登记结算机构办理资金交收的，报价系统登记结算机构在交收时点通过参与人资金结算账户完成资金交收；参与人自行完成资金交收的，交易双方应当在交收时点将交收结果反馈至报价系统登记结算机构。

第二十七条

私募基金存续期间，报价系统登记结算机构根据管理人确定的权益分配方案代为办理私募基金权益分派事宜。

管理人应当在分红前2个工作日内向报价系统登记结算机构提交私募基金分红申请或通知单等材料。报价系统登记结算机构根据管理人提供的材料计算各持有人应收红利并于红利发放日向持有人派发现金红利或增加私募基金份额。

第四章 业务管理

第二十八条

管理人应当根据私募基金的风险特征制定投资者适当性管理制度。

通过参与人认购、受让私募基金的投资者应当同时满足接受投资者委托在报价系统代为认购、转让私募基金的参与人和私募基金管理人规定的投资者适当性要求。

第二十九条

在报价系统募集、转让私募基金的，信息披露义务人应当按照法律法规规定和协议约定，通过报价系统向持有该私募基金的参与人定向披露信息，并保证披露信息的真实、准确、完整。

第三十条

接受投资者委托在报价系统认购、转让私募基金的名义持有参与人，应当向实际认购和受让私募基金的投资者披露信息披露义务人向其披露的全部信息。

第三十一条

信息披露义务人可以在私募基金合同中约定，通过报价系统定期向参与人披露以下信息。

（一）管理人年度投资运作报告。

（二）年度资产托管报告。

（三）年度财务报告。

（四）其他定期报告。

第三十二条

私募基金存续期间，信息披露义务人应当按照合同约定，如实向持有该私募基金的参与人披露私募基金投资、资产负债、投资收益分配、私募基金承担的费用和业绩报酬、可能存在的利益冲突情况以及可能影响投资者合法权益的其他重大信息。

第三十三条

信息披露义务人通过中国证监会认可的信息披露平台履行私募基金信息披露义务的，披露内容和时间应当与报价系统保持一致。

第三十四条

管理人及其董事、监事和高级管理人员，违反本指引、私募基金合同、报价系统其他相关规定或者其所作出的承诺的，市场监测中心可以要求改正、约谈相关责任人、在报价系统参与人范围内通报批评；情节严重的，可以暂停部分或全部业务权限。

第三十五条

管理人通过报价系统提交的注册信息存在虚假记载、误导性陈述或者重大遗漏的，报价系统可以要求改正、暂不办理业务申请；情节严重的，可以暂停、终止部分或全部业务权限。

私募基金不符合募集、转让条件，管理人以欺骗手段骗取募集、转让注册，市场监测中心可以暂停、终止私募基金的募集、转让。

第三十六条

负有信息披露义务的参与人未按本指引的规定履行信息披露义务，市场监测中心可以要求改正、约谈相关责任人、在报价系统参与人范围内通报批评。无正当理由拒不改正的，市场监测中心可以暂停部分或全部业务权限。

第三十七条

接受投资者委托在报价系统代为认购、转让私募基金的参与人未履行投资者适当性管理义务的，市场监测中心可以要求改正、约谈相关责任人、在报价系统参与人范围内通报批评。

第三十八条

参与人在报价系统从事私募基金相关业务违反自律规则，市场监测中心可以移交相应自律组织采取自律惩戒措施。

参与人违反法律法规的，由相关自律组织移交中国证监会及其他有权机构依法查处。

第五章　附则

第三十九条

本指引由市场监测中心负责解释，自发布之日起施行。

附录 2

私募股权投资基金项目股权转让业务指引（试行）

第一章　总则

第一条

为规范私募股权投资基金在机构间私募产品报价与服务系统（以下简称“报价系统”）开展项目股权转让相关业务，保护投资者合法权益，维护报价系统运行秩序，依据《中华人民共和国公司法》《中华人民共和国证券法》《中华人民共和国合伙企业法》《私募投资基金监督管理暂行办法》等相关法律法规和《机构间私募产品报价与服务系统管理办法（试行）》等报价系统业务规则，特制定本指引。

第二条

本指引所称私募股权投资基金项目股权（以下简称“项目股权”）是指证券公司股权类直投机构、经中国证券投资基金业协会登记备案的私募股权投资基金以及其他股权投资机构（以下简称“转让方”）投资于股份有限公司的股份、有限责任公司的股权、其他企业或组织机构的权益。

在报价系统转让项目股权，适用本指引。

第三条

中证资本市场发展监测中心有限责任公司（以下简称“市场监测中心”）对项目股权在报价系统的转让活动进行日常管理。

第二章 转让

第四条

项目股权在报价系统转让的，转让方应当在报价系统填写转让注册表，并通过报价系统向特定参与人披露下列材料。

（一）项目公司章程、合伙协议等文件和营业执照复印件。

（二）股东大会（股东会或决策机构）决议（有限责任公司应当包含项目股权所在公司其他股东同意转让方转让股权并放弃优先购买权的内容）。

（三）转让说明书。

（四）市场监测中心要求的其他材料。

第五条

转让方应当在转让说明书中披露下列内容。

（一）公司、企业或其他组织机构（以下简称“项目公司”）的基本情况。

（二）项目公司近两年的财务报告。

（三）转让股权的数量、意向报价、质押情况。

（四）项目公司的控股股东及实际控制人情况。

（五）项目公司董事、监事、高级管理人员的任职情况、持股变动情况、年度报酬情况。

（六）项目公司重大诉讼、仲裁等重大事件及其影响。

（七）项目公司对外提供重大担保及其他重大或有债务。

（八）其他重要事项。

第六条

转让方可以将所持有项目股权的全部或部分转让给一个或多个受让方。

转让方将其所持有的项目股权转让给多个受让方的，不得违反公司章程、合伙协议、投资协议等的约定，转让后的股东、合伙人、出资人等的人数应当符合法律法规的相关规定。

第七条

在报价系统转让项目股权，可以采用协商成交、点击成交、拍卖竞价、标购竞价等方式。

第八条

项目股权成交后，交易双方可以通过报价系统在线签署转让协议。

交易双方选择线下签署转让协议的，应当将转让协议发送至报价系统。

项目股权的工商变更登记由交易双方依照相关法律法规办理。

第九条

因司法扣划、行政划拨、继承、赠与、法人合并与分立等原因致使项目股权发生变更的，转让方应当及时将股权变更情况向报价系统报告，由报价系统暂停或终止该项目股权的转让。

第十条

出现下列情形之一的，报价系统可以暂停项目股权的转让。

（一）转让方申请暂停转让。

（二）转让方未履行转让说明书约定的信息披露义务。

（三）项目公司经营状况恶化，发生可能导致项目公司无法继续经营的重大不利事项。

（四）市场监测中心规定的其他情形。

本条所列情形消失，转让方申请恢复转让的，经市场监测中心核实后恢复在报价系统转让。

第十一条

出现下列情形之一的，报价系统可以终止项目股权的转让。

（一）转让方申请终止转让。

（二）暂停转让超过一年，且暂停转让事由仍未消除。

（三）受让方通过报价系统或其他途径知悉转让信息，并与转让方线下完成交易的。

（四）项目公司解散、被撤销或破产清算的。

（五）市场监测中心认为应终止转让的其他情形。

第三章　结算

第十二条

在报价系统转让、受让项目股权时，转让方应当开立自有产品账户；受让方可以根据需要开立自有产品账户或受托产品账户，分别用于记载自身持有项目股权或管理的基金等持有的项目股权。

报价系统产品账户代码由12位字符组成，其中前3位为“100”，后9位由阿拉伯数字和英文字母组成，优先使用阿拉伯数字，由报价系统自主编制。

第十三条

转让方与受让方在报价系统进行资金结算的，应当与市场监测中心签订资金结算服务协议。转让方应当开立自有资金结算账户，受让方可以根据需要开立自有资金结算账户或受托资金结算账户，分别用于记载其自有的资金或其管理的基金等的资金。

第十四条

转让方与受让方在报价系统申请开立产品账户、资金结算账户的，应当在线填写账户开立申请表。收到提交的申请表后，报价系统在2个工作日内进行确认。

申请开立受托产品账户、受托资金结算账户的，应当在线提交产品设立证明文件，并在开户成功后10个工作日内将产品设立证明文件寄送至市场监测中心，用于资料存档。

第十五条

转让方或受让方申请撤销产品账户、资金结算账户的，应当在线填写账户撤销申请表，被申请账户应当同时满足以下条件。

（一）账户内余额为零。

（二）账户无交易申报或成交。

（三）账户无在途或未交收私募产品份额、权益或资金。

（四）账户无未了结的负债或合约。

（五）账户状态正常，无冻结、质押、销户等异常状态。

（六）市场监测中心要求的其他条件。

收到账户撤销申请表后，报价系统在2个工作日内对账户撤销申请进行确认。账户撤销后，相关方应当在10个工作日内将账户撤销申请表寄送至市场监测中心。

第十六条

转让方、受让方在报价系统转让、受让项目股权前，应当开通结算编号，每个结算编号对应唯一的资金结算账户。提交转让、受让项目股权等交易申请时，应当选择结算编号。

第十七条

项目股权在报价系统转让的，可以由报价系统登记结算机构办理登记结算。报价系统登记结算机构不作为共同对手方介入双方交易的交收。交易双方可以采用全额清算、净额清算方式，可以采用日终批次交收等交收期安排。

资金交收时点前，受让方可以通过中国证券登记结算有限责任公司、商业银行、第三方支付机构或证监会认可的其他机构向报价系统资金结算账户划转资金，确保交收时点资金充足。在报价系统登记结算机构办理资金交收的，报价系统登记结算机构在交收时点通过交易双方资金结算账户完成资金交收；交易双方自行完成资金交收的，应当在交收时点将交收结果反馈至报价系统登记结算机构。

第十八条

交易双方可以约定，受让方先将交易资金划转至其报价系统资金结算账户，待项目股权工商变更登记事宜办完后，再将资金划转至转让方资金结算账户。

第四章 业务管理

第十九条

转让方可以在报价系统展示拟转让项目股权的信息，并对展示信息的真实性、合法性承担相应的法律责任。

转让方可以自主决定项目股权展示信息的内容和范围，并自主管理和维护展示信息。

第二十条

转让方在报价系统转让项目股权，应当通过报价系统向受让方履行信息披露义务，并保证披露信息的真实、准确、完整。

第二十一条

转让方违反本指引和报价系统相关规则的规定、转让说明书的约定及其所作出的承诺的，市场监测中心可以要求改正、约谈相关责任人、在报价系统参与人范围内通报批评；情节严重的，可以暂停部分或全部业务权限。

第二十二条

转让方通过报价系统提交的注册信息存在虚假记载、误导性陈述或者重大遗漏的，市场监测中心可以要求改正、暂不办理业务申请；情节严重的，市场监测中心可以暂停、终止部分或全部业务权限。

第二十三条

转让方在报价系统展示的项目股权信息含有虚假记载、误导性陈述、欺诈性信息的，市场监测中心可以要求转让方删除或补正；转让方未能及时删除或补正的，市场监测中心可以删除或进行标示。

第二十四条

转让方未按转让说明书和本指引履行信息披露义务，市场监测中心可以约谈相关责任人、要求改正、在报价系统参与人范围内通报批评。无正当理由拒不改正的，市场监测中心可以暂停部分或全部业务权限。

第二十五条

存在以较高或者较低的价格转让项目股权且转让价格严重偏离项目股权实际价值的情形，市场监测中心可以要求转让方或受让方作出解释或说明；存在利益输送嫌疑的，可以采取交易管理措施。

第二十六条

转让方或受让方在报价系统从事项目转让业务违反自律规则的，由市场监测中心移交相应自律组织采取自律惩戒措施。

转让方或受让方违反法律、行政法规的，由相关自律组织移交中国证监会或其他有关机构依法查处。

第五章　附则

第二十七条

国家法律、行政法规及部门规章对私募股权投资基金所投资项目股权转让有特别规定的，从其规定。

第二十八条

本指引由市场监测中心负责解释，自发布之日起施行。

附录 3

私募投资基金监督管理暂行办法

第一章 总则

第一条

为了规范私募投资基金活动，保护投资者及相关当事人的合法权益，促进私募投资基金行业健康发展，根据《证券投资基金法》《国务院关于进一步促进资本市场健康发展的若干意见》，特制定本办法。

第二条

本办法所称私募投资基金（以下简称私募基金），是指在中华人民共和国境内，以非公开方式向投资者募集资金设立的投资基金。

私募基金财产的投资包括买卖股票、股权、债券、期货、期权、基金份额及投资合同约定的其他投资标的。

非公开募集资金，以进行投资活动为目的设立的公司或者合伙企业，资产由基金管理人或者普通合伙人管理的，其登记备案、资金募集和投资运作适用本办法。

证券公司、基金管理公司、期货公司及其子公司从事私募基金业务适用本办法，其他法律法规和中国证券监督管理委员会（以下简称中国证监会）有关规定对上述机构从事私募基金业务另有规定的，适用其规定。

第三条

从事私募基金业务，应当遵循自愿、公平、诚实信用原则，维护投资者合法权益，不得损害国家利益和社会公共利益。

第四条

私募基金管理人和从事私募基金托管业务的机构（以下简称私募基金托管人）管理、运用私募基金财产，从事私募基金销售业务的机构（以下简称私募基金销售机构）及其他私募服务机构从事私募基金服务活动，应当恪尽职守，履行诚实信用、谨慎勤勉的义务。

私募基金从业人员应当遵守法律、行政法规，恪守职业道德和行为规范。

第五条

中国证监会及其派出机构依照《证券投资基金法》、本办法和中国证监会的其他有关规定，对私募基金业务活动实施监督管理。

设立私募基金管理机构和发行私募基金不设行政审批，允许各类发行主体在依法合规的基础上，向累计不超过法律规定数量的投资者发行私募基金。建立健全私募基金发行监管制度，切实强化事中事后监管，依法严厉打击以私募基金为名的各类非法集资活动。

建立促进经营机构规范开展私募基金业务的风险控制和自律管理制度，以及各类私募基金的统一监测系统。

第六条

中国证券投资基金业协会（以下简称基金业协会）依照《证券投资基金法》、本办法和中国证监会其他有关规定和基金业协会自律规则，对私募基金业开展行业自律，协调行业关系，提供行业服务，促进行业发展。

第二章　登记备案

第七条

各类私募基金管理人应当根据基金业协会的规定，向基金业协会申请登记，报送以下基本信息。

（一）工商登记和营业执照正副本复印件。

（二）公司章程或者合伙协议。

（三）主要股东或者合伙人名单。

（四）高级管理人员的基本信息。

（五）基金业协会规定的其他信息。

基金业协会应当在私募基金管理人登记材料齐备后的20个工作日内，通过网站公告私募基金管理人名单及其基本情况的方式，为私募基金管理人办结登记手续。

第八条

各类私募基金募集完毕，私募基金管理人应当根据基金业协会的规定，办理基金备案手续，报送以下基本信息。

（一）主要投资方向及根据主要投资方向注明的基金类别。

（二）基金合同、公司章程或者合伙协议。资金募集过程中向投资者提供基金招募说明书的，应当报送基金招募说明书。以公司、合伙等企业形式设立的私募基金，还应当报送工商登记和营业执照正副本复印件。

（三）采取委托管理方式的，应当报送委托管理协议。委托托管机构托管基金财产的，还应当报送托管协议。

（四）基金业协会规定的其他信息。

基金业协会应当在私募基金备案材料齐备后的20个工作日内，通过网站公告私募基金名单及其基本情况的方式，为私募基金办结备案手续。

第九条

基金业协会为私募基金管理人和私募基金办理登记备案不构成对私募基金管理人投资能力、持续合规情况的认可；不作为对基金财产安全的保证。

第十条

私募基金管理人依法解散、被依法撤销或者被依法宣告破产的，其法定代表人或者普通合伙人应当在20个工作日内向基金业协会报告，基金业协会应当及时注销基金管理人登记并通过网站公告。

第三章 合格投资者

第十一条

私募基金应当向合格投资者募集，单只私募基金的投资者人数累计不得超过《证券投资基金法》《公司法》《合伙企业法》等法律规定的特定数量。

投资者转让基金份额的，受让人应当为合格投资者且基金份额受让后投资者人数应当符合前款规定。

第十二条

私募基金的合格投资者是指具备相应风险识别能力和风险承担能力，投资于单只私募基金的金额不低于100万元且符合下列相关标准的单位和个人。

（一）净资产不低于1000万元的单位。

（二）金融资产不低于300万元或者最近三年个人年均收入不低于50万元的个人。

前款所称金融资产包括银行存款、股票、债券、基金份额、资产管理计划、银行理财产品、信托计划、保险产品、期货权益等。

第十三条

下列投资者视为合格投资者。

（一）社会保障基金、企业年金等养老基金，慈善基金等社会公益基金。

（二）依法设立并在基金业协会备案的投资计划。

（三）投资于所管理私募基金的私募基金管理人及其从业人员。

（四）中国证监会规定的其他投资者。

以合伙企业、契约等非法人形式，通过汇集多数投资者的资金直接或者间接投资于私募基金的，私募基金管理人或者私募基金销售机构应当穿透核查最终投资者是否为合格投资者，并合并计算投资者人数。但是，符合本条第（一）（二）（四）项规定的投资者投资私募基金的，不再穿透核查最终投资者是否为合格投资者和合并计算投资者人数。

第四章　资金募集

第十四条

私募基金管理人、私募基金销售机构不得向合格投资者之外的单位和个人募集资金，不得通过报刊、电台、电视、互联网等公众传播媒体或者讲座、报告会、分析会和布告、传单、手机短信、微信、博客和电子邮件等方式，向不特定对象宣传推介。

第十五条

私募基金管理人、私募基金销售机构不得向投资者承诺投资本金不受损失或者承诺最低收益。

第十六条

私募基金管理人自行销售私募基金的，应当采取问卷调查等方式，对投资者的风险识别能力和风险承担能力进行评估，由投资者书面承诺符合合格投资者条件；应当制作风险揭示书，由投资者签字确认。

私募基金管理人委托销售机构销售私募基金的，私募基金销售机构应当采取前款规定的评估、确认等措施。

投资者风险识别能力和承担能力问卷及风险揭示书的内容与格式指引，由基金业协会按照不同类别私募基金的特点制定。

第十七条

私募基金管理人自行销售或者委托销售机构销售私募基金，应当自行或者委托第三方机构对私募基金进行风险评级，向风险识别能力和风险承担能力相匹配的投资者推介私募基金。

第十八条

投资者应当如实填写风险识别能力和承担能力问卷，如实承诺资产或者收入情况，并对其真实性、准确性和完整性负责。填写虚假信息或者提供虚假承诺文件的，应当承担相应责任。

第十九条

投资者应当确保投资资金来源合法，不得非法汇集他人资金投资私募基金。

第五章 投资运作

第二十条

募集私募证券基金，应当制定并签订基金合同、公司章程或者合伙协议（以下统称基金合同）。基金合同应当符合《证券投资基金法》第九十三条、第九十四条规定。

募集其他种类私募基金，基金合同应当参照《证券投资基金法》第九十三条、第九十四条规定，明确约定各方当事人的权利、义务和相关事宜。

第二十一条

除基金合同另有约定外，私募基金应当由基金托管人托管。

基金合同约定私募基金不进行托管的，应当在基金合同中明确保障私募基金财产安全的制度措施和纠纷解决机制。

第二十二条

同一私募基金管理人管理不同类别私募基金的，应当坚持专业化管理原则；管理可能导致利益输送或者利益冲突的不同私募基金的，应当建立防范利益输送和利益冲突的机制。

第二十三条

私募基金管理人、私募基金托管人、私募基金销售机构及其他私募服务机构及其从业人员从事私募基金业务，不得有以下行为。

（一）将其固有财产或者他人财产混同于基金财产从事投资活动。

（二）不公平地对待其管理的不同基金财产。

（三）利用基金财产或者职务之便，为本人或者投资者以外的人牟取利益，进行利益输送。

（四）侵占、挪用基金财产。

（五）泄露因职务便利获取的未公开信息，利用该信息从事或者明示、暗示他人从事相关的交易活动。

（六）从事损害基金财产和投资者利益的投资活动。

（七）玩忽职守，不按照规定履行职责。

（八）从事内幕交易、操纵交易价格及其他不正当交易活动。

（九）法律、行政法规和中国证监会规定禁止的其他行为。

第二十四条

私募基金管理人、私募基金托管人应当按照合同约定，如实向投资者披露基金投资、资产负债、投资收益分配、基金承担的费用和业绩报酬、可能存在的利益冲突情况以及可能影响投资者合法权益的其他重大信息，不得隐瞒或者提供虚假信息。信息披露规则由基金业协会另行制定。

第二十五条

私募基金管理人应当根据基金业协会的规定，及时填报并定期更新管理人及其从业人员的有关信息、所管理私募基金的投资运作情况和杠杆运用情况，保证所填报内容真实、准确、完整。发生重大事项的，应当在10个工作日内向基金业协会报告。

私募基金管理人应当于每个会计年度结束后的4个月内，向基金业协会报送经会计师事务所审计的年度财务报告和所管理私募基金年度投资运作基本情况。

第二十六条

私募基金管理人、私募基金托管人及私募基金销售机构应当妥善保存私募基金投资决策、交易和投资者适当性管理等方面的记录及其他相关资料，保存期限自基金清算终止之日起不得少于10年。

第六章　行业自律

第二十七条

基金业协会应当建立私募基金管理人登记、私募基金备案管理信息系统。

基金业协会应当对私募基金管理人和私募基金信息严格保密。除法律法规另有规定外，不得对外披露。

第二十八条

基金业协会应当建立与中国证监会及其派出机构和其他相关机构的信息共享机制，定期汇总分析私募基金情况，及时提供私募基金相关信息。

第二十九条

基金业协会应当制定和实施私募基金行业自律规则，监督、检查会员及其从业人员的执业行为。

会员及其从业人员违反法律、行政法规、本办法规定和基金业协会自律规则的，基金业协会可以视情节轻重，采取自律管理措施，并通过网站公开相关违法违规信息。会员及其从业人员涉嫌违法违规的，基金业协会应当及时报告中国证监会。

第三十条

基金业协会应当建立投诉处理机制，受理投资者投诉，进行纠纷调解。

第七章　监督管理

第三十一条

中国证监会及其派出机构依法对私募基金管理人、私募基金托管人、私募基金销售机构及其他私募服务机构开展私募基金业务情况进行统计监测和检查，依照《证券投资基金法》第一百一十四条规定采取有关措施。

第三十二条

中国证监会将私募基金管理人、私募基金托管人、私募基金销售机构及其他私募服务机构及其从业人员诚信信息记入证券期货市场诚信档案数据库；根据私募基金管理人的信用状况，实施差异化监管。

第三十三条

私募基金管理人、私募基金托管人、私募基金销售机构及其他私募服务机构及其从业人员违反法律、行政法规及本办法规定，中国证监会及其派出机构可以对其采取责令改正、监管谈话、出具警示函、公开谴责等行政监管措施。

第八章　关于创业投资基金的特别规定

第三十四条

本办法所称创业投资基金，是指主要投资于未上市创业企业普通股或者依法可转换为普通股的优先股、可转换债券等权益的股权投资基金。

第三十五条

鼓励和引导创业投资基金投资创业早期的小微企业。

享受国家财政税收扶持政策的创业投资基金，其投资范围应当符合国家相关规定。

第三十六条

基金业协会在基金管理人登记、基金备案、投资情况报告要求和会员管理等环节，对创业投资基金采取区别于其他私募基金的差异化行业自律，并提供差异化会员服务。

第三十七条

中国证监会及其派出机构对创业投资基金在投资方向检查等环节，采取区别于其他私募基金的差异化监督管理；在账户开立、发行交易和投资退出等方面，为创业投资基金提供便利服务。

第九章 法律责任

第三十八条

私募基金管理人、私募基金托管人、私募基金销售机构及其他私募服务机构及其从业人员违反本办法第七条、第八条、第十一条、第十四条至第十七条、第二十四条至第二十六条规定的，以及有本办法第二十三条第一项至第七项和第九项所列行为之一的，责令改正，给予警告并处三万元以下罚款；对直接负责的主管人员和其他直接责任人员，给予警告并处三万元以下罚款；有本办法第二十三条第八项行为的，按照《证券法》和《期货交易管理条例》的有关规定处罚；构成犯罪的，依法移交司法机关追究刑事责任。

第三十九条

私募基金管理人、私募基金托管人、私募基金销售机构及其他私募服务机构及其从业人员违反法律法规和本办法规定，情节严重的，中国证监会可以依法对有关责任人员采取市场禁入措施。

第四十条

私募证券基金管理人及其从业人员违反《证券投资基金法》有关规定的，按照《证券投资基金法》有关规定处罚。

第十章 附则

第四十一条

本办法自公布之日起施行。

附录 4

私募基金常见的法律问题

（一）私募基金投资的运作有哪些要素

根据《证券投资基金法》《私募投资基金监督管理暂行办法》规定，主要有基金合同、基金托管、投资管理、禁止行为、信息披露和信息报送六要素。

1. 基金合同

募集私募证券基金，应当制定并签订基金合同、公司章程或者合伙协议（以下统称基金合同）。基金合同应当符合《证券投资基金法》第九十三条和九十四条规定的必备内容。募集其他种类私募基金，基金合同也应当参照《证券投资基金法》的相关规定，明确规定各方当事人的权利、义务和相关事宜。

2. 基金托管

除基金合同另有约定外，私募基金应当由基金托管人托管；基金合同约定私募基金不进行托管的，应当在基金合同中明确保障私募基金财产安全的制度措施和纠纷解决机制。

3. 投资管理

同一私募基金管理人管理不同类别私募基金的，应当坚持专业化管理原则；管理可能导致利益输送或者利益冲突的不同私募基金的，应当建立防范利益输送和利益冲突的机制。

4. 禁止行为

私募基金管理人等相关机构及其从业人员从事私募基金业务，不得有下列九种行为：

（1）将其固有财产或者他人财产混同于基金财产从事投资活动；

（2）不公平地对待其管理的不同基金财产；

（3）利用基金财产或者职务之便，为本人或者投资者以外的人牟取利益，进行利益输送；

（4）侵占、挪用基金财产；

（5）泄露因职务便利获取的未公开信息，利用该信息从事或者明示、暗示他人从事相关的交易活动；

（6）从事损害基金财产和投资者利益的投资活动；

（7）玩忽职守，不按照规定履行职责；

（8）从事内幕交易、操纵交易价格及其他不正当交易活动；

（9）法律、行政法规和中国证监会规定禁止的其他行为。

5. 信息披露

私募基金管理人、私募基金托管人应当按照合同约定，如实向投资者披露基金投资、资产负债、投资收益分配、基金承担的费用和业绩报酬、可能存在的利益冲突情况以及可能影响投资者合法权益的其他重大信息，不得隐瞒或者提供虚假信息。

6. 信息报送

私募基金管理人应当根据中国证券投资基金业协会（以下简称“基金业协会”）的规定，及时填报并定期更新管理人及其从业人员的有关信息、所管理私募基金的投资运作情况和杠杆运用情况，保证所填报内容真实、准确、完整。发生重大事项的，应当在10个工作日内向基金业协会报告，并应当在规定时间内向基金业协会报送年度财务报告和所管理私募基金年度投资运作基本情况。

（二）私募基金成立的条件是什么

私募基金的名称应符合《名称登记管理规定》，允许达到规模的投资企业名称使用“投资基金”字样。名称中的行业用语可以使用“风险投资基金、创业投资基金、股权投资基金、投资基金”等字样。地名（如“北京”）作为行政区域划分，允许在商号与行业用语之间使用。

基金型私募基金的成立条件有以下几个。

1．投资基金公司注册资本（出资数额）不低于5亿元，全部为货币形式出资，设立时实收资本（实际缴付的出资额）不低于1亿元；5年内注册资本按照公司章程（合伙协议书）承诺全部到位。

2．单个投资者的投资额不低于1000万元（有限合伙企业中的普通合伙人不在本限制条款内）。

3．至少3名高管具备股权投基金管理运作经验或相关业务经验。

（三）私募基金名称应当怎样分类

公司制股权投资企业名称核准为：“××股权投资股份公司”或“××股权投资基金股份公司”“××股权投资有限公司”或“××股权投资基金有限公司”。

合伙制股权投资企业名称核准为：“××股权投资合伙企业+（有限合伙）”或“××股权投资基金合伙企业+（有限合伙）”。

公司制股权投资管理机构名称核定为“××股权投资管理股份公司”或“××股权投资基金管理股份公司”“××股权投资管理有限公司”或“××股权投资基金管理有限公司”。

合伙制股权投资管理机构名称核准为“××股权投资管理合伙企业+（有限合伙/普通合伙）”或“××股权投资基金管理合伙企业+（有限合伙/普通合伙）”。

股权投资企业及其管理机构的注册名称国家另有规定的，从其规定。

（四）私募基金的法律制度框架是什么

2012 年 12 月 28 日，第十一届全国人大常委会审议通过了修改后的《证券投资基金法》，首次将私募证券投资基金纳入法律调整范围，对私募证券投资基金的募集、运作、管理等进行了规范，从法律上确立了其法定地位，使非公开募集证券投资基金实现了有法可依。

为适应私募证券投资基金发展需要，《证券投资基金法》第十章构建了有别于公募证券投资基金的制度框架。

1. 合格投资者制度，规定私募证券投资基金只能向合格投资者募集，合格投资者应达到规定的收入水平或者资产规模，具备一定的风险识别能力和承担能力，人数累计不得超过二百人。

2. 规定基金的投资运作、收益分配、信息披露等方面内容主要由基金合同约定，以自律管理为主。

3. 规定基金管理人的登记和基金产品的备案制度，基金募集完毕后向基金行业协会备案。

4. 规定私募证券投资基金禁止进行公开性的宣传和推介。

5. 规定私募证券投资基金应当由基金托管人托管，基金合同另有约定的除外。

6. 规定基金管理人达到规定条件的，经监管机构核准，可以从事公募证券投资基金管理业务。

这样的规定充分考虑到了私募证券投资基金的自身特点和发展需要，基金具体投资业务运作主要依靠基金合同、依靠基金参与者自主约定、以自律管理为主，监管主要着眼于系统性风险的防范。

（五）私募基金有哪些法律责任

根据《证券投资基金法》《私募投资基金监督管理暂行办法》规定，

私募基金的法律责任有以下五方面。

1. 私募基金管理人等相关机构及其从业人员有下列7种违规情形的，责令改正，给予警告并处三万元以下罚款；对直接负责的主管人员和其他直接责任人员，给予警告并处三万元以下罚款：

（1）违反《办法》第七条、第八条，不履行登记备案义务；

（2）违反《办法》第十一条、第十四条，向非合格投资者募资或者变相公募；

（3）违反《办法》第十五条，承诺本金不受损失或者承诺最低收益；

（4）违反《办法》第十六条、第十七条，未对投资者采取评估、确认等措施，未对基金进行评级，或者向风险识别能力和风险承担能力不匹配的投资者推介私募基金；

（5）违反《办法》第二十四条、第二十五条，未按照合同约定如实向投资者披露信息或者未按规定向中国证券投资基金业协会报送信息；

（6）违反《办法》第二十六条，未按要求保存相关资料；

（7）违反《办法》第二十三条，有第一项至第七项和第九项所列禁止行为之一。

2. 私募基金管理人等相关机构及其从业人员违反《办法》第二十三条第八项规定从事内幕交易、操纵交易价格等行为的，按照《证券法》第二百零二条、第二百零三条和《期货交易管理条例》第七十条、第七十一条规定处罚。

3. 私募基金管理人等相关机构及其从业人员违反法律法规和《办法》规定，情节严重的，对有关责任人员采取市场禁入措施。

4. 私募基金管理人及其从业人员违反《证券投资基金法》有关规定的，按照《证券投资基金法》规定处罚。

5. 私募基金管理人等相关机构及其从业人员违反法律法规和《办法》

规定，情节严重，构成犯罪的，依法移交司法机关追究刑事责任。

（六）私募基金的监管措施是什么

中国证监会及其派出机构依照《证券投资基金法》《私募投资基金监督管理暂行办法》（以下简称“《办法》”）和中国证监会的其他有关规定，对私募基金业务活动实施监督管理。

监管基本原则是，坚持“适度监管、底线监管、行业自律、促进发展”，明确私募基金行业三条底线，确保私募基金规范运作：一是要坚守“私募”的原则，不得变相进行公募；二是要严格投资者适当性管理，坚持面向合格投资者募集资金；三是要坚持诚信守法，恪守职业道德底线。

具体监管措施有以下三方面。

1．中国证监会及其派出机构依法对私募基金管理人等相关机构开展私募基金业务情况进行统计监测和检查；依照《证券投资基金法》第一百一十四条规定，采取7项有关措施。

（1）对基金管理人、基金托管人、基金服务机构进行现场检查，并要求其报送有关的业务资料。

（2）进入涉嫌违法行为发生场所调查取证。

（3）询问当事人和与被调查事件有关的单位和个人，要求其对与被调查事件有关的事项作出说明。

（4）查阅、复制与被调查事件有关的财产权登记、通讯记录等资料。

（5）查阅、复制当事人和与被调查事件有关的单位和个人的证券交易记录、登记过户记录、财务会计资料及其他相关文件和资料；对可能被转移、隐匿或者毁损的文件和资料，可以予以封存。

（6）查询当事人和与被调查事件有关的单位和个人的资金账户、证券账户和银行账户；对有证据证明已经或者可能转移或者隐匿违法资金、证券等涉案财产或者隐匿、伪造、毁损重要证据的，经国务院证券监督管理机构主要负责人批准，可以冻结或者查封。

（7）在调查操纵证券市场、内幕交易等重大证券违法行为时，经国务院证券监督管理机构主要负责人批准，可以限制被调查事件当事人的证券买卖，但限制的期限不得超过十五个交易日；案情复杂的，可以延长十五个交易日。

2．中国证监会将私募基金管理人及其从业人员诚信信息记入证券期货市场诚信档案数据库；根据私募基金管理人信用状况，实施差异化监管。

3．私募基金管理人等相关机构及其从业人员违反法律、行政法规及《私募投资基金监督管理暂行办法》规定，中国证监会及其派出机构可以对其采取责令改正、监管谈话、出具警示函、公开谴责等行政监管措施；依法对应当予以行政处罚的当事人实施行政处罚。

（七）私募基金怎样向基金业协会备案

《证券投资基金法》《私募投资基金监督管理暂行办法》等法律法规规定，各类私募基金管理人应当通过中国证券投资基金业协会（以下简称“基金业协会”）的私募基金登记备案系统办理登记备案手续。否则，不得从事私募基金业务活动。

登记备案主要内容以下。

1．基金管理人登记。各类私募基金管理人应当向基金业协会申请登记，报送以下基本信息：

（1）工商登记和营业执照正副本复印件；

（2）公司章程或者合伙协议；

（3）主要股东或者合伙人名单；

（4）高级管理人员的基本信息；

（5）基金业协会规定的其他信息。

基金业协会应当在私募基金管理人登记材料齐备后的20个工作日内，通过网站公告私募基金管理人名单及其基本情况的方式，为私募基金管理人办结登记手续。

私募基金管理人依法解散、被依法撤销或者被依法宣告破产的，其法定代表人或者普通合伙人应当在20个工作日内向基金业协会报告，基金业协会应当及时注销基金管理人登记并通过网站公告。

2. 私募基金备案。各类私募基金募集完毕后20个工作日内，私募基金管理人应当向基金业协会办理基金备案手续，报送以下基本信息。

（1）主要投资方向及根据主要投资方向注明的基金类别。

（2）基金合同、公司章程或者合伙协议。资金募集过程中向投资者提供基金招募说明书的，应当报送基金招募说明书。以公司、合伙等企业形式设立的私募基金，还应当报送工商登记和营业执照正副本复印件。

（3）采取委托管理方式的，应当报送委托管理协议。委托托管机构托管基金财产的，还应当报送托管协议。

（4）基金业协会规定的其他信息。

基金业协会应当在私募基金备案材料齐备后的20个工作日内，通过网站公告私募基金名单及其基本情况的方式，为私募基金办结备案手续。